# Qu'est-ce que le hasard ?

## Psychologie, science, art, philosophie, société : comment le hasard guide les hommes

Collection Essais-Documents, Paris, 2007
www.maxmilo.com
ISBN : 978-2-35341-021-7

**Denis Lejeune**

# Qu'est-ce que le hasard ?

## Psychologie, science, art, philosophie, société : comment le hasard guide les hommes

Max Milo
Essais-Documents

« Le hasard ne choisit pas, il propose. »

José Saramago

« Il faut que le hasard renverse la fourmi pour qu'elle voie le ciel. »

Proverbe arabe

# Sommaire

# Introduction : Le hasard contre nous ?

> « Tout livre, toute réflexion sur le hasard, est une bataille perdue d'avance. Mais c'est presque une aubaine : qu'y a-t-il de plus beau qu'un baroud d'honneur ? »
>
> Pavel Mlady

## La peur atavique du hasard

Faut-il se débarrasser du hasard ? Doit-on, oui ou non, se passer de son aide ? Car c'est un fait indiscutable : l'homme n'a jamais été à l'aise avec lui, et aujourd'hui peut-être encore moins qu'hier. En un sens, l'histoire de l'humanité depuis les origines peut même être vue comme une course *contre* le hasard. Pourquoi cela ? En vertu d'un instinct de préservation particulièrement aiguisé. Pour essayer de comprendre cette méfiance atavique, considérons les cinq événements suivants : l'extinction massive du Permien, l'ensevelissement de Pompéi, la

Peste noire du milieu du XIVe siècle, la prise d'otages de Munich en 1972, et le tsunami de 2003 dans l'océan Indien. En dépit de l'absence apparente de lien, il y a pourtant bel et bien un point commun entre eux : l'inattendu. Le fait qu'un événement terrible puisse advenir sans prévenir, qu'il puisse prendre les choses, les animaux et les gens au dépourvu. Le caractère totalement incompréhensible, et par là même extrêmement inquiétant, des catastrophes naturelles permet donc de comprendre que l'homme ait vite pris le hasard en grippe, et qu'il ait cherché à s'en prémunir.

Jusqu'à une époque assez récente, le seul moyen de mettre un peu de sens dans les aléas de la vie était d'avoir recours aux mythes et à la religion : tous deux offraient un exutoire facile aux inquiétudes de l'homme aux prises avec l'inconnu et l'imprévisible. En lieu et place d'une logique causale, une logique de l'intention divine. Mais si la religion a un défaut majeur, c'est de ne pas fournir d'explication, de ne pas permettre la prévision. Or, prévoir c'est prévenir, c'est contrôler l'imprévisible. Dans sa course contre le hasard, le grand bond en avant de l'homme aura donc eu lieu avec le développement des sciences. Heureusement pour lui en effet, le monde obéit à la causalité. Or, dès lors qu'on s'en convainc, le comprendre n'est « plus » qu'une question d'observation, et déjouer les plans de l'imprévu devient envisageable. Sans doute la science n'est-elle pas née exclusivement de notre insatiable besoin de sécurité, mais il est indéniable qu'en nous permettant de saisir le rapport entre des facteurs apparemment séparés, elle nous a donné la chance de pouvoir *anticiper*.

C'est bien à ce radical changement d'optique, ce passage de Dieu aux équations, que revient le progrès fulgurant qui a caractérisé les deux derniers siècles. À partir de l'invention de la machine à vapeur, les événements se sont en effet accélérés à une vitesse qui peut raisonnablement sembler exponentielle : sidérurgie, électricité, radiophonie, antibiotiques, aviation, nucléaire, cybernétique, aérospatiale, greffe du cœur, Internet, photographie numérique... L'impact du progrès scientifique sur notre lutte quotidienne contre l'imprévisible est profond. Pour prendre quelques exemples, depuis plusieurs années, le Japon a rendu légalement obligatoire l'inclusion de mesures antisismiques dans la construction de tout nouveau bâtiment[1], afin de limiter au minimum le nombre de victimes dans le cas d'un tremblement de terre ; les zones particulièrement propices aux ouragans, telles que les Caraïbes, la Polynésie et le sud des États-Unis, sont constamment surveillées par des services météorologiques spécialisés qui avertissent la population dès que l'un d'eux pointe le bout de son œil ; même chose pour les volcans menaçant des agglomérations[2]...

### Les savants fous

Pour autant, le progrès, c'est-à-dire la multiplication de victoires de l'homme sur le hasard, n'annihile pas totalement

1. Bien entendu, c'est une chose que de déclarer de telles mesures légalement obligatoires, et une autre de les faire respecter : voir le scandale de l'architecte japonais Hidetsugu Aneha en 2005.
2. Comme on l'a particulièrement vu à la Réunion en avril 2007.

le danger : en 1995, le tremblement de terre de Kobé a coûté la vie à 6 500 personnes ; la sécheresse de 2003 a fait près de 15 000 victimes en France seulement ; l'inondation de la Nouvelle-Orléans en 2005 a été fatale à 1 500 personnes... C'est simple : on estime qu'entre 1994 et 2004, les catastrophes naturelles ont fait près de 800 000 morts.

Ces victimes, il serait bien sûr mesquin, voire malhonnête, de les imputer au progrès. Après tout, les bilans auraient été largement plus lourds sans les outils de prévision et de lutte que le progrès scientifique nous offre – pour information, les historiens estiment que la Peste noire (1346-1350) aurait scellé le sort de près de 25 millions de personnes en Europe, soit un quart de la population de l'époque. Ceci étant, il est important de ne pas tomber dans l'angélisme scientifique : en dépit de ses bienfaits, le progrès ne se caractérise pas par l'harmonie universelle à laquelle on lui voyait donner naissance au XVIIIe siècle ; la domestication apparente de l'imprévu n'a pas eu les résultats escomptés. Le progrès donne, mais il reprend aussi. La science est parfaitement a-morale. Les propriétés de la matière ne peuvent contenir en elles-mêmes de directions de cet ordre : il serait ridicule de faire les gros yeux à l'atome sous prétexte qu'il peut devenir radioactif. Par contre, pour la bonne et simple raison que les sciences sont une discipline éminemment humaine, l'*application* des découvertes scientifiques se teinte en toute logique d'un fort degré de moralité. Ce n'est pas la science, mais ce qu'on en fait, qui est moral ou non : la fission de l'atome donne aussi bien lieu à une source d'électricité formidable qu'à Hiroshima et Nagazaki.

Comme le montre cet exemple, ce sont souvent les militaires qui mettent le doigt sur le côté « déconseillé aux enfants » des sciences. La bombe A en est l'illustration la plus emblématique. Mais elle est loin d'être isolée : dans la Grèce antique, Archimède aurait anéanti la flotte romaine venue prendre Syracuse grâce à la propriété focalisante des miroirs concaves ; dès le Xe siècle, les Chinois mettaient au point les armes à feu ; plus près de nous, en 1915, l'armée allemande écrivit les premières lignes de l'histoire de la guerre chimique en utilisant des vapeurs de chlore. Suivirent en 1917 le gaz moutarde, le tabun en 1937, le sarin en 1939, le soman en 1944, en 1961 l'agent orange... En un sens, le dieu Mars ne s'est jamais mieux porté qu'aujourd'hui. Grâce à la science (ou plutôt à son détournement à des fins souvent douteuses), chaque conflit du XXe siècle a pris des proportions gigantesques : la première guerre mondiale a coûté la vie à plus de 37 millions d'individus, la seconde à près de 60 millions. À elle seule, la guerre du Vietnam a fait plus de 6 millions de morts, auxquels s'ajoute le demi-million de victimes de la guerre d'Indochine. Bref, un étrange rapport semble s'être instauré avec le constant progrès des sciences : plus la vie est facile, plus la mort trouve de nouvelles voies.

Mais le progrès a eu un effet plus pernicieux encore. L'image la plus marquante de la seconde guerre mondiale est probablement celle des camps de concentration et des détenus faméliques, ombres d'eux-mêmes, qu'on découvrit à la Libération. Au niveau pratique, la Shoah repose sur l'utilisation du zyklon B, un gaz découvert en 1920 par

Fritz Haber, un juif travaillant en Allemagne[3]. Mais la Shoah est aussi bien « davantage » que ça. Car au niveau idéologique, la Shoah est l'instrument d'une théorie sociale et politique nazie globale qui se veut *scientifique*. Que veut dire l'adjectif ici ? Il implique un raisonnement logique, le recours à un discours de justification fondé sur le domaine des sciences, et l'application systématique des solutions jugées, sur des critères censés rationnels, les plus efficaces. À partir de la prémisse scientifiquement infondée selon laquelle « la race aryenne est [...] la vraie représentante de toute l'humanité, et c'est par application divine que le peuple allemand doit maintenir sa pureté raciale » (*Mein Kampf*), Hitler et son gouvernement mirent en place une série de mesures qui frappent aujourd'hui par leur côté méthodique, minutieux, froid, presque détaché. C'est ainsi que plusieurs lois furent successivement votées, qui instaurèrent une politique eugéniste. L'eugénisme n'est, il est vrai, pas une nouveauté nazie, mais l'organisation d'une société autour de cette doctrine et son application pratique systématique le sont. Parallèle à la logique de l'eugénisme (« bonne naissance »), l'euthanasie (« bonne mort ») a aussi naturellement été vivement encouragée par l'Allemagne nazie, grâce à ses médecins – catégorie socio-professionnelle la plus « nazifiée », à hauteur de 69 %.

Enfin, bien sûr, dernier volet de cette approche scientifique de la société en vue de la « purification », le gazage systématique des juifs. Autrement dit, la tentative d'annihilation complète et définitive d'une communauté

3. C'est également à lui qu'on doit le gaz moutarde...

humaine *historiquement* et *culturellement* définie. On estime généralement que 3 millions de juifs ont péri dans les chambres à gaz, auxquels s'ajoutent les 3 autres millions qui furent victimes du travail forcé, des conditions de transport et autres privations. On mesure donc combien, sans les avancées théoriques et pratiques de la science, mais plus encore sans l'adoption au niveau social et politique d'un raisonnement hérité directement du positivisme et du scientisme, l'histoire du nazisme aurait été fort différente.

Il serait difficile d'énumérer tous les problèmes – philosophiques en particulier – associés à une telle approche de la société, mais celui qui m'intéresse particulièrement est celui du *contrôle*. L'eugénisme, par exemple, ne peut exister qu'à la faveur d'une régimentation stricte des populations, afin d'éviter tout risque de « dégénérescence[4] » : s'autoriser à juger du droit d'un individu à la vie passe nécessairement par une surveillance étroite de son comportement, de ses rapports sociaux, une foi aveugle dans l'avis des experts psychiatriques, etc. Au final, les tentatives pour orienter les populations dans le « droit » chemin, outre qu'elles courent le risque de reposer sur des interprétations sans fondements, visent une société où tout se déroule parfaitement, où les attitudes et opinions suivent un même modèle ; où, par conséquent, rien ne vienne perturber un ordre préétabli, sans heurt et

4. Les nazis nommèrent « dégénérée » une immense partie de l'art moderne, et organisèrent même un « Salon des dégénérés » dans lequel figurèrent, entre autres, des œuvres de Klee, Kandinsky, Matisse, Chagall, Braque…

« harmonieux[5] ». En d'autres termes, les eugénistes veulent tirer un trait final sur le hasard, ou ce que la vie comporte d'imprévus, de défis, de surprises, de différences. C'est d'ailleurs la raison pour laquelle eugénisme et démocratie ne peuvent théoriquement s'entendre : celle-ci est le lieu des débats, des problèmes, des divergences, des crises, à tel point qu'elle ne fonctionne réellement que dans la contestation ; à l'inverse, l'eugénisme nie le *demos*, ou plutôt il ne l'accepte qu'à partir du moment où celui-ci marche au pas, où le cerveau collectif est suffisamment lavé pour ne plus pouvoir penser par lui-même. L'eugénisme ne fonctionne que dans l'uniformité.

## Chassez le naturel…

> « À tout problème existe une solution qui est simple, propre, et erronée. »
>
> H. L. MENCKEN

On vient de le voir, l'absence de mode d'emploi prescriptif du progrès peut avoir des conséquences catastrophiques inattendues. Pour autant, l'imprévu n'est pas lié uniquement aux excès et partis pris interprétatifs humains. Le fonctionnement interne du progrès, censé former un rempart contre les attaques du hasard, a en effet progressivement mis en lumière une dialectique assez

5. D'où, pour sortir quelque peu du cadre eugéniste, la dépendance des dictatures et autres régimes politiques forts au formatage des esprits, et donc à des services de renseignement très développés. *1984* d'Orwell ou le récent film *La Vie des autres* (de Florian Henckel von Donnersmarck) en fournissent de bonnes illustrations.

retorse. Dans le monde entier, depuis quelques mois, il est possible de compenser les émissions de dioxyde de carbone qu'entraînent nos voyages. Idée apparemment fort louable, sachant que notre « empreinte environnementale » pour un vol Paris-New York s'élève à 2,56 tonnes de $CO_2$. Mais il y a un problème : certains de ces projets d'*offsetting* qui, certes, partent de bonnes intentions peuvent en effet avoir des conséquences graves sur l'environnement. Ainsi de la compensation par le biais de la plantation d'arbres (les arbres étant censés absorber le dioxyde émis). Malheureusement, on oublie de préciser que, dans un premier temps, les arbres meurent, ou brûlent, auxquels cas ils rejettent leur carbone dans l'atmosphère ; ensuite, le phénomène de *respiration*[6] des arbres signifie que les plantations créées aujourd'hui participeront activement au réchauffement planétaire au début du siècle prochain, au lieu de « lutter » contre lui ; enfin, les plantations s'avèrent très largement parasitiques, puisque, pour leur faire de la place, on détruit bien souvent des milieux naturels. Ainsi, au cours des années quatre-vingt, 75 % des nouvelles plantations introduites dans l'hémisphère sud ont « remplacé » des forêts préexistantes, ce qui libéra quelque 700 millions de tonnes de $CO_2$ dans l'atmosphère.

Le mécanisme dialectique en question est donc le suivant : une solution est apportée à un problème, mais cette solution donne naissance à un nouveau problème. En

6. Ce phénomène décrit une réaction chimique au cours de laquelle les arbres décomposent les sucres créés lors de la photosynthèse. Il s'applique également aux micro-organismes qui s'attaquent à la végétation.

d'autres termes, alors même que l'homme, par le biais de la maîtrise que lui offre le progrès scientifique, pense fermer la porte au nez de l'inconnu, se taille dans son dos d'autres ouvertures par lesquelles le hasard refait son entrée. Quelle moralité faut-il retirer de cet exemple parmi tant d'autres ? Que les solutions miracles *n'existent pas*. Quoiqu'on en dise, au niveau technique en particulier, les avancées charrient leur lot d'inconvénients avec elles. L'idée selon laquelle « il n'y a pas de problème, que des solutions », en plus d'être un bon mot, a sûrement une part de vérité. Mais elle masque aussi le fait que toutes les solutions ne sont pas équivalentes. Ici comme ailleurs, l'habit ne fait pas le moine, et c'est faire une grossière erreur que d'imaginer que les solutions parfaites tombent du ciel. En fait, les solutions parfaites sont rares, très rares, et celles qu'on adopte pour parer à un problème sont la plupart du temps des *approximations* de solution.

Il ne s'agit pas d'« interdire » les avancées techniques, ni de s'en prémunir comme de la peste. Simplement, on a peut-être tendance à se laisser aveugler par le côté positif des inventions, qui flattent notre créativité, sans forcément chercher à en connaître la face cachée : une prise en compte plus globale du progrès technique et technologique pourrait mener à une attitude plus mesurée[7]. Le penseur Edgar Morin parle d'« écologie de l'action » pour décrire le fait qu'une action ne peut être isolée de son contexte ; en d'autres termes, qu'en se focalisant sur elle, on court le risque de passer à côté de son influence sur l'environnement

7. Vœu pieux, je sais, mais vœu quand même.

global dans lequel elle s'inscrit. Répétons-le donc : l'idée n'est pas de mettre la clef sous la porte et d'en rester où l'on en est, voire de chercher à revenir en arrière. Il s'agit juste de ne pas simplifier les défis qui s'offrent à nous : il faut apprendre à voir en nuances de gris, abandonner la vision manichéenne en noir et blanc. La connaissance, ainsi que le dit encore Morin, « progresse en intégrant en elle l'incertitude, non en l'exorcisant ».

## L'incertitude

« L'inquiétude exagère toujours la vérité. »
VERCORS

Selon plusieurs sociologues et historiens actuels, le potentiel destructeur de la science, ainsi que les nouveaux problèmes que le progrès crée dans son sillage ont laissé des traces très visibles sur la société occidentale des XXe et XXIe siècles. De l'image d'une science salvatrice, toute-puissante, au XIXe siècle, on est passé, à la suite d'Hiroshima, Tchernobyl, AZF, à la suite également de l'augmentation du nombre de cancers ou du réchauffement planétaire, à un tableau beaucoup moins enchanteur. Pour paradoxal que cela puisse paraître, l'enrichissement incessant de nos connaissances s'accompagne d'un renforcement de notre incertitude quant au véritable visage du progrès et quant à la vie dans son ensemble. Or, comment l'homme (post)moderne dHécide-t-il de faire face à ses peurs exacerbées ? En continuant manifestement avec toujours plus d'acharnement sa recherche du savoir, sa course au contrôle. En somme, son incertitude l'incite à chercher dans la pratique le réconfort du connu, du carré, du propre. Les arbres *compensent* ses voyages, l'ordre matériel *compense* le désordre de son esprit. Du cercle vertueux escompté au XIXe siècle, l'heure est aujourd'hui au cercle vicieux.

Se pose alors une question cruciale : où se situe le point au-delà duquel le contrôle, l'anticipation des risques, la protection, deviennent une obsession malsaine et vide de sens ? Question difficile, c'est évident. Mais y réfléchir pourrait nous aider à faire la part des choses entre l'homme équilibré et celui qu'il convient d'appeler hypocondriaque. En poussant quelque peu la logique préventive en effet, on constate que ses implications peuvent être fort critiquables. L'imprévisible peut par définition advenir de n'importe quel côté, à n'importe quel moment. Par conséquent, quiconque songe à se protéger des aléas de la vie peut en arriver à la dérangeante conclusion suivante : il faut se prémunir de *tout*. Ce qui est assez réaliste, sachant que les connaissances de l'homme actuel le placent pratiquement en position de *décider* quelle *place* réserver au hasard dans sa vie.

Mais, paradoxalement, cet épanouissement de l'idée et de l'outil de contrôle, la connaissance toujours plus approfondie des risques nous menaçant, et donc la réduction théorique des dangers auxquels l'homme (post)moderne peut être exposé, vont de pair avec une complexification du champ même du risque : l'incertitude entourant les effets de nos actions et de nos découvertes scientifiques fait du risque une notion de plus en plus difficile à évaluer, quantifier et, au final, éviter. Ainsi que l'exprime le sociologue Ulrich Beck dans un article récent : « Les victimes de Tchernobyl, des années après la catastrophe, ne sont encore pas nées ». C'est pourquoi il décrit la société contemporaine comme la « société du risque ».

L'heure actuelle voit ainsi, toujours paradoxalement, les plus belles heures du sentiment de *vulnérabilité*. Puisque tout peut s'avérer dangereux, l'homme (post)moderne se sent plus fragile. Il se pose des questions en mangeant un steak de provenance non spécifiée, vérifie son taux de cholestérol tous les mois, tâte ses testicules ou ses seins dès qu'il le peut, contracte une assurance voyage quand il part en weekend à Zuydcoote… Dans les mots de Bénabar :

> Il boit de la bière sans alcool
> Elle mange pas de viande ça donne du cholestérol
> Ils boivent leur café décaféiné
> Avec du sucre dé-sucrifié.

Corrélat de cette *zeitgeist*, et comble de la société du risque, la crise de la responsabilité. Que tout ait une cause, cela semble indiscutable. Cela dit, une évolution récente montre que cette observation de bon sens est de plus en plus pervertie, et qu'elle sert toujours davantage à se dédouaner de ses propres fautes : dans un raisonnement parfois proche de l'absurde, la logique du « tout causal » est invoquée pour rejeter la responsabilité de ses actions sur quelqu'un, ou quelque chose, d'autre. La chose ne serait peut-être pas plus dérangeante que ça si elle n'avait des répercussions pratiques d'envergure. Pour prendre un exemple simple, imaginons que vous branchiez votre ordinateur portable au mur d'une bibliothèque. Au bout de dix minutes, une personne se prend les pieds dans votre fil et tombe, se foulant le poignet. Il y a trois façons bien distinctes d'envisager cet incident : soit c'est sa « faute », soit c'est la vôtre, soit ce n'est la « faute » de personne. Si la version du « tort partagé » semble fidèle aux faits, les deux autres apparaissent partiales, puisqu'elles occultent le fait que les deux parties ont une part de responsabilité dans l'incident. Pourtant, aujourd'hui, la société possède un dispositif légal précisément taillé pour faire fi du bon sens dans ce genre de situations : le dédommagement.

Dans *Risk and Blame,* l'anthropologue et sociologue Mary Douglas, qui a beaucoup réfléchi à la place prise par le risque et ses conséquences dans notre société, écrit : « À qui la faute ? est la première question. Ensuite, quelle suite donner à la chose ? Ce qui signifie : quel dédommagement ? quelle compensation ? » La culture de compensation repose sur l'idée que tout peut donner lieu à un dédommagement. Elle implique par conséquent l'attribution d'une valeur financière aux corps, aux biens, et aux services, bref, à tout ce que le hasard peut gripper, enrayer, endommager, casser : les doigts d'un pianiste, le manuscrit d'un obscur écrivain du XIX^e^ siècle, un piéton en état d'ébriété ou un voyage. Et elle implique, plus encore, l'attribution *nécessaire* de la notion de faute.

L'expression « culture de compensation » ne s'applique pas aux cas légitimes de demande de dédommagements, qui naturellement existent, mais dénonce la multiplication des procès intentés, et souvent gagnés, là où la culpabilité du défendeur semble très discutable. On entend parfois dire que cette culture est un mythe, et qu'elle repose sur des affaires excessivement médiatisées. Telle celle de Stella Liebeck, une vieille Américaine qui gagna 2,9 millions de dollars en 1992 après s'être brûlé la jambe en renversant son mug de café McDonald's. Telle celle de Cyril Smith, un Anglais de 59 ans qui intenta, en 1996, un procès à la NHS[8] pour avoir survécu à son cancer (trois années plus tôt, on lui avait en effet annoncé qu'il ne lui restait qu'entre trois et six mois à vivre, et il s'était donc arrêté de travailler). Tel encore le cas de ces soldats qui attaquent l'État pour avoir subi des blessures physiques et/ou psychologiques dans l'exercice normal de leurs fonctions. Ainsi que l'exprime un rapport anglais : « La culture de compensation est un mythe ; mais le coût de cette croyance est bien réel ». En effet ; et pour rester en Angleterre, le montant des dédommagements versés pour négligence médicale par la NHS s'élevait à 85 millions de livres en 1991 ; en 2000, il dépassait les 500 millions !

Les raisons pratiques favorisant la culture de compensation sont multiples. Par exemple, l'autorisation pour les avocats anglo-saxons[9] d'offrir « gratuitement » leurs services, c'est-à-dire que le client ne paie que s'il gagne son procès. Autre facteur, la possibilité pour les avocats de faire de la publicité. Mais, remarque le

8. Sécurité sociale anglaise.

9. Pratique existant également en France, mais de façon plus officieuse.

sociologue Frank Furedi dans un essai intitulé *Courting mistrust*, le milieu légal n'est pas le seul à blâmer : les syndicats, parfois même le gouvernement, incitent à intenter des procès pour dédommagement. Un rapport ministériel anglais de 1993 déclarait ainsi que « les plaintes sont des joyaux à chérir ».

L'ennui avec cet enthousiasme, ce sont ses effets pervers. Une partie non négligeable des efforts financiers consentis par les organisations et sociétés diverses est, en effet, orientée vers la protection contre la possibilité de demandes d'indemnités (et constitue par conséquent un manque à investir plus ou moins important dans d'autres domaines). Exemples : l'avertissement « Ce produit peut contenir du lait » sur l'emballage d'un fromage ; le panneau « Ne sautez pas, vous pourriez mourir » au sommet d'une falaise ; ou encore, suite à l'affaire Liebeck, la mise en garde sur tous les mugs dans lesquels sont servis les cafés à emporter que « La boisson que vous êtes sur le point de boire est très chaude ». L'heure est donc bien souvent davantage à la protection qu'à l'action. Il s'agit de mettre en place des mesures de précaution dédouanant telle ou telle société, tel ou tel organisme, dans le cas toujours possible d'un accident. Maintenant qu'il est écrit sur votre mug que le café chaud est… chaud, vous n'avez plus de moyen légal de rejeter la faute de votre maladresse sur celui qui vous a vendu son produit.

Cette protection institutionnalisée entraîne deux autres conséquences d'envergure, avec d'abord une perte de liberté non négligeable pour les particuliers. Depuis quelques années, les interdictions apparaissent à tous les coins de rue : interdiction de porter des rollers ; interdiction de faire de l'apnée en piscine ; interdiction de se promener dans les parcs par grand vent, car « des branches pourraient tomber » ; interdiction de marcher sur certains trottoirs, etc. Afin d'éviter toute poursuite éventuelle, la tendance générale va vers une restriction toujours plus tentaculaire de ce qu'il est *autorisé* de faire.

La seconde conséquence en question est celle de la perte d'initiative, encore une fois sous prétexte qu'un accident peut « si vite arriver ». Les exemples, à nouveau, sont nombreux. Dans les crèches, certaines éducatrices empêchent aux enfants de se livrer à des activités « à risque » telles que monter sur une chaise un tant soit peu haute ; en raison de quelques accidents très médiatisés, les écoles réfléchissent à deux fois avant d'envoyer leurs élèves en voyage scolaire, ou alors à grand renfort d'assurances et de décharges de responsabilité ; à cause de la peur du Pédophile, les Père Noël anglais ne peuvent porter les enfants, encore moins les prendre sur leurs genoux ; toujours en Angleterre, certaines écoles primaires refusent maintenant les activités en plein air, puisqu'on peut y attraper rhume, angine ou grippe, voire interdisent certains jeux collectifs sous prétexte que les enfants peuvent se blesser[10]. Ces comportements sont l'héritage direct de la facilité avec laquelle certaines personnes peuvent incriminer un tiers dont la responsabilité est souvent douteuse et, pire encore, avoir gain de cause. En un sens

10. Un établissement a récemment interdit le jeu appelé *conkers*, qui fait appel à deux joueurs munis chacun d'un fil au bout duquel est noué un marron, et dont le but est de détruire le marron de l'adversaire.

donc, il en va d'une certaine logique : si la loi permet à des profiteurs d'inventer une faute imaginaire là où d'autres ne voient rien d'autre que le cours normal des choses, on peut comprendre que se couvrir devienne un automatisme.

Si l'on suit ce raisonnement jusqu'au bout, ce vers quoi semble tendre la société actuelle (anglo-saxonne de prime abord, et « continentale », selon toute vraisemblance, à terme) est par conséquent le fameux syndrome du « risque zéro ». Qu'est-ce que ce risque zéro ? C'est l'idée *hasaricide* par excellence, à savoir l'idéologie voulant que plus rien d'imprévu ne puisse plus arriver. Le risque zéro, c'est vouloir réussir la gageure de ne plus prendre de risque du tout, assortie de celle de ne plus en courir. En hygiène hospitalière par exemple, cela veut viser l'élimination *totale* de tous les risques d'infection liés aux microbes et aux bactéries : des couloirs, des lits, des télécommandes, des pansements, des courants d'air, des plateaux-repas, des téléphones portables, des bouches du corps médical… Idéalement, on ne mourrait plus que de la raison pour laquelle on est entré à l'hôpital (et encore). L'idée est noble, et ni moi ni personne de sensé ne préconise un retour aux hôpitaux du XVIIIe siècle. Pour autant, il est peut-être bon de rappeler que la vie *repose* sur les microbes et sur les bactéries. Sans eux, la Terre serait une bien morne plaine. Il y a par exemple plus de bactéries que de cellules dans le corps humain.

De façon plus générale, la question que le risque zéro soulève est, à nouveau, celle des limites. Car si l'on n'y prend pas garde, de véritables absurdités ne vont pas tarder à survenir (ou à se multiplier, si l'on pense que l'heure de l'absurde a déjà frappé). Admettons ainsi que des personnes en rollers dans le métro puissent, le cas échéant, en arriver à se blesser, voire à blesser quelqu'un. L'interdiction de rollers étant pourtant respectée, comment réagir face au fait qu'un nombre étonnant de personnes se blessent toujours dans le métro chaque année ? Et, pire encore, que des dizaines y meurent accidentellement ? Un partisan zélé du risque zéro devrait logiquement en déduire que, marcher pouvant nuire (gravement) à la santé, la chose devrait être interdite. De même, sur le modèle de ces écoles gardant les enfants à l'intérieur pour leur éviter d'attraper un rhume, on peut facilement imaginer qu'on en vienne à interdire aux gens de respirer pour la raison *tout à fait vérifiée* que certaines maladies mortelles sont véhiculées par l'air.

Le risque zéro est, au mieux, une utopie. Une utopie vers laquelle tendre, sans aucun doute, mais il faut faire attention à ce qu'elle ne serve de justification à tous les excès. Au pire, le risque zéro définit un monde où l'adversité, soit intérieure soit extérieure, n'existe pas. Entre autres, il signe l'arrêt de mort du hasard, de l'imprévu, de l'inconnu, pour la bonne et simple raison qu'ils sont tous les trois des trouble-fêtes, qu'ils représentent un vide étrangement polymorphe n'entrant dans aucun cadre précis, et duquel peut à tout moment sortir un « malheur ». Viser le risque zéro, en somme, c'est viser une existence mécanique et formatée. Il en va donc d'un dangereux contresens sur rien de moins que la *vie*. Le risque zéro laisse miroiter la perfection, comme au reste la fuite en avant scientifique, ou scientiste, dont elle est en quelque sorte le fruit empoisonné. Mais quel est au juste l'intérêt réel d'une existence aseptisée au point de ne plus réserver la moindre petite surprise ? *Risquer* n'a-t-il vraiment qu'un aspect négatif ? Le hasard et l'imprévu sont-ils en effet à euthanasier ?

## On ne peut abolir le hasard

À la vue des nombreux événements marquants, souvent dramatiques, survenus de façon imprévisible dans l'histoire, il n'est pas surprenant que le hasard se soit rapidement mis l'homme à dos. En ce sens, la naissance de la science a été une bénédiction, puisqu'elle lui a offert le luxe de prendre les devants afin de minimiser l'impact de l'inattendu. Mais ce dont il ne se doutait pas, c'est que les sciences, au cours même de leur avancée vers un contrôle toujours plus hégémonique, allaient elles-mêmes être responsables de la création de nouvelles formes d'imprévus, d'ailleurs pas forcément moins inquiétantes que les premières. Ainsi, conçu d'abord comme une source de tranquillité, le progrès peut se révéler fauteur de troubles, sans que l'homme contemporain ne comprenne vraiment d'où vient son incertitude chronique, puisque, pour toute réponse à son malaise, il ne trouve qu'à poursuivre sa fuite en avant.

Pour qui prend un tant soit peu de recul, le sens pris par les événements semble pourtant riche d'enseignements. En particulier, on remarque que le contrôle, pour poussé qu'il soit, n'anéantit pas le hasard, mais se contente de le déplacer. Autrement dit, le hasard, l'inconnu et l'imprévisible ne semblent pas être des accidents de parcours, mais bel et bien des éléments propres au monde, et propres à la vie. Mais est-ce correct ? Si oui, est-ce un bien ou un mal ? Et le contrôle total est-il effectivement destiné à toujours nous échapper ? Par ailleurs, on peut se demander si le hasard abordé jusqu'ici fait pleinement justice au terme : le voir uniquement comme la cause d'événements dramatiques, n'est-ce pas faire preuve de myopie, voire de mauvaise foi ? N'est-ce pas en réduire la portée, et plus encore peut-être la richesse ? Les pages qui suivent vont tenter d'apporter des éléments de réponse à ces diverses interrogations en abordant les principaux sens pris par la notion, et en donnant à voir les différents rôles qu'elle joue à la fois dans la vie en général et dans la société contemporaine.

# Chapitre premier

# Le hasard et les mots

## L'Arsène Lupin de la raison

« Le hasard ne se peut regarder fixement. »
Paul Valéry

Une mise en garde s'impose : il n'est rien de plus facile que de parler du hasard, et rien de plus difficile que de savoir de quoi on parle. On pourrait passer des vies entières à chercher une notion qui glisse autant entre les mailles de l'intelligence, qui échappe avec une telle facilité aux vues globalisantes. Le hasard a quelque chose d'Arsène Lupin, car, comme lui, il a mille visages, et même quand on le détient dans une cellule, qu'il semble contenu, maîtrisé, il se débrouille pour organiser son évasion. Et une fois dehors, le même cirque recommence : il apparaît ici, il apparaît là, aimable et narquois, gentleman et cambrioleur, chaque fois dérobant un peu plus de nos certitudes, rongeant notre conviction que tout a un sens bien défini. Arsène Lupin ne s'explique pas, et toutes les raisons du monde échouent à le contenir – *idem* du hasard. Parfois il arrive qu'on ait l'impression de détenir la formule magique permettant de saisir, d'appréhender le sujet ; mais bientôt la remarque inattendue d'un ami ou la rencontre imprévue d'une poignée de nos neurones sur une table d'opération attirent gentiment notre attention sur un exemple, un sens ou un éclairage possibles de la notion que notre « formule » ne couvrait pas.

Personnellement, il m'a fallu plusieurs années de tentatives infructueuses pour me rendre à l'évidence suivante : *le hasard n'existe pas*. Ou plutôt, le hasard comme *unité* n'existe pas, nulle définition *monolithique* ne peut en être donnée, car le terme « hasard » ne rend en fait pas compte d'une catégorie unique de faits bien définis, mais d'un véritable patchwork. Cette idée, le philosophe Clément Rosset l'a exprimée en parlant d'« anti-concept [1] ». Le hasard n'est pas un concept au sens traditionnel, comme le sont « éthique » ou « sagesse », mais un concept qui n'est, paradoxalement, pas conceptualisable, un concept vide. Il est comme l'antimatière par rapport à la matière, une quantité nécessaire, mais inverse, introuvable et pourtant omniprésente. Il est l'antimatière de la raison.

Chaque individu en fait sa propre expérience : ce sont la vie, les lectures et les discussions de chacun qui cimentent progressivement la compréhension qu'il en a, la représentation qu'il s'en fait. Peut-être suffirait-il donc de

1. Dans *Logique du pire*, PUF, 1993.

rassembler, d'additionner toutes ces acceptions personnelles pour enfin s'approcher d'un portrait tant soit peu fidèle de l'anti-concept ? Mais, si l'idée peut à première vue sembler sensée, elle oublie le fait que, fondamentalement, ce n'est pas le manque d'exemples qui empêche la clôture, mais bel et bien le fait que le hasard soit le concept ouvert par excellence, donc impossible à fermer.

## Le détour de Babel

Cette mise en garde n'a rien de rhétorique. Cela étant, que la vérité dernière du hasard soit condamnée à nous échapper ne signifie pas que rien ne puisse être tiré de son étude. Pour l'entamer, et se faire une première idée du champ sémantique du terme, le plus simple est sans doute de se pencher sur le sort que le langage courant lui réserve, ainsi que sur son évolution. Aujourd'hui par exemple, lorsqu'elle utilise le mot dans des expressions telles qu'« à tout hasard », « au hasard », « par le plus grand des hasards », « par hasard », etc., la langue semble insister sur une caractéristique soulignée dans le chapitre liminaire, à savoir l'imprévisibilité. Cet accent se retrouve entre autres dans le nom qu'on donnait autrefois à un type particulier de gargotes appelées « Au Hasard de la fourchette », dans lesquels votre argent vous permettait de *hasarder* votre fourchette au fond d'une marmite. Vous pouviez aussi bien tomber sur un rutabaga qu'une carotte ou un morceau de lapin – voire, en fonction du cuisinier, un charançon ou une joue de chien…

Comme on le voit dans cet exemple, l'acception « imprévu » remonte assez loin dans la langue française. Mais, au juste, à quand remonte le terme « hasard » lui-même ? Selon Littré, il serait apparu aux alentours de 1150, sous la forme « hasart ». Même si les spécialistes ne sont pas d'accord sur l'étymologie exacte du terme, deux choses au moins sont sûres : son origine est arabe, et son sens avait à voir avec les dés. Pour certains, « hasard » vient de l'article arabe *al* (« le ») associé au substantif *sâr* (« dé ») ; pour d'autres, il renverrait au nom d'un château syrien, Hasart, dans lequel aurait été trouvé un type particulier de jeu de dés ; pour d'autres encore, il trouve son origine dans l'arabe *zahr* (« fleur »), parce qu'une fleur aurait été représentée sur une des faces du dé arabe.

Étant donné ce lien viscéral entre le jeu et le terme, il n'est pas étonnant qu'à une époque, les *François* aient utilisé le mot « hasard » en lieu et place de celui de « probabilité » : « Le hasard que je me trompe est de trois sur dix ». On voit clairement comment la langue est passée de l'idée de jeu de dés – qu'on appelle aujourd'hui jeu *de hasard*, tiens, tiens... – à celle d'incertitude : c'est en effet le propre du dé que de ne pas prévenir quelle face il montrera.

Le côté imprévisible du hasard apparaît aussi dans les dictionnaires sous une forme légèrement différente, puisqu'ils parlent d'« événement non lié à une cause ». L'accent est ici mis sur le réseau d'explications nécessaire à l'éclaircissement de l'imprévisible, et pas sur l'événement lui-même. Encore une fois, l'évolution depuis le jeu de dés est facile à saisir, car il est ardu de justifier logiquement que le dé se soit arrêté sur 2 plutôt que 3. Autrement dit, on n'arrive pas à donner de *cause* à cette différence. Bien sûr, tout dépend de ce qu'on entend par ce terme... Cette absence de cause supposée explique d'ailleurs qu'on oppose fréquemment hasard et destin. Le destin est censé décrire notre vie à l'avance, ce qui fait que tout ce qui arrive ressortit à un ordre préétabli. Si l'on accepte l'idée de hasard par contre, c'est-à-dire que certaines choses arrivent sans avoir de cause, sans avoir été « programmées », on ne peut plus parler de destin.

En plus de l'idée d'imprévisibilité, Littré et les autres historiens de la langue soulignent plusieurs autres sens du terme. Ainsi, se trouve confirmé le fait que le hasard a partie liée avec le couple chance/malchance : l'imprévu a toujours soit servi, soit desservi les hommes – première nuance apportée à la représentation d'un hasard forcément mauvais. Il est intéressant de constater que, dans l'histoire du français, « hasard » n'a curieusement jamais pris le sens de chance. Par contre, il a parfois pris celui de malchance : on pouvait par exemple dire « je cours hasard », c'est-à-dire « je vais au-devant de dangers ». On pourrait penser que c'est normal, étant donné qu'existait déjà « chance » pour décrire un hasard heureux ; oui, mais on avait aussi « malchance »... Faudrait-il comprendre par là que l'homme, en tout cas le spécimen français, est plus enclin à voir le mauvais côté du hasard ? Quoi qu'il en soit, le lien avec le jeu de dés est, là encore, limpide : si je parie sur le 2 et qu'il sort, je m'estime chanceux. Tout autre chiffre et j'ai le sentiment d'avoir été joué par *al sâr*. À ce sujet, saviez-vous que le mot « chance » vient du latin *cadere*, qui veut dire « tomber » ? Or, que fait un *sâr* de ses journées, je vous le demande ?

Autre fait surprenant, dans son acception moderne, le terme « hasard » est éminemment français. On le retrouve sous une forme approchante dans quelques autres langues, mais pas dans le sens que nous lui donnons aujourd'hui. Comme en français ancien, l'anglais appelle *hazard* certains risques et dangers (*chemical hazards*, « les risques chimiques ») ; il est vrai qu'existe aussi le mot *haphazard*, qui correspond à notre « hasard », mais il est d'un emploi archaïque. Les Portugais et les Italiens, eux, utilisent également une variante, *azar* et *azarro*, mais là encore dans un sens négatif.

Comment les autres langues rendent-elles alors notre idée disons « neutre » du hasard ? Par un étonnant renversement, l'anglais parle de *chance*, suivi en cela par d'autres pays (*sance* tchèque, *kans* hollandais, *sansa* croate). Au Portugal (*oportunidade*) et en Italie (*opportunità*), la racine latine est clairement la même que notre « opportunité », mais on y utilise également *casualidade* et *casualità*, où pour le coup, on retrouve notre « cas [2] ». Aujourd'hui, ces deux termes français ne sont plus directement liés à « hasard » ; cela dit, il faut rappeler qu'« opportunité » renvoie aux situations qui appellent un choix aux suites jugées positives, et que « cas » (du latin *casus*, qui avait alors en partie le sens du portugais et de

2. Lorsqu'un Portugais ou un Italien rencontre quelqu'un par hasard, il le fait également *por acaso* (portugais), *per caso*, voire *casualmente* (italien).

l'italien actuels) conserve un lien avec son origine dans une locution comme « au cas où » – à comprendre comme « si par hasard ».

L'autre fait remarquable, lorsque l'on compare les langues, est que rares sont celles qui ont deux termes différents pour distinguer chance et malchance. Comme en français, la malchance est souvent rendue par la simple négation de son contraire. Souvent donc les deux sont bien ressenties comme intrinsèquement mêlées ; mieux encore, elles apparaissent comme les faces inverses d'une même pièce – une simple question de position du bon ou du mauvais côté d'un même événement. L'italien parle ainsi de *fortuna* et de *sfortuna*, l'anglais de *luck* et de *bad luck*, le croate de *sreca* et de *nesreca*, le mandarin de *yun qi* et de *yun qi bu hao* (littéralement, « chance pas bonne »)...

Bien sûr, que ce soit dans notre langue ou dans les autres, il existe plusieurs mots qui signifient, peu ou prou, la même chose que « hasard ». Ce qui, dans la perspective d'une hypothétique définition de celui-ci, pose une difficulté supplémentaire, car ces synonymes ont la fâcheuse tendance de mettre l'accent sur un aspect particulier de la chose, voire de lui accoler un sens qu'on pouvait à première vue penser assez distant. On peut ainsi, pour le désigner communément, utiliser « sort » ou « fortune », comme dans « tirer au sort » ou « la bonne fortune ». Mais ces deux termes sont indissociables de l'idée d'intention supérieure... Sans pousser aussi loin l'écart, on considère en général que hasard a pour synonymes des mots tels que fortuit, inattendu, imprévisible, contingent, coïncidence, désordre, gratuité, arbitraire, chaos, accident, ou encore aléatoire. Toutefois, s'il semble bien y avoir quelque chose de hasardeux en chacun d'eux, ils ont aussi un sens et un faisceau de connotations précis qui les différencient. Partant, le hasard n'est épuisé par aucun de ces mots, pas plus qu'il ne l'est par la liste entière. Il s'y retrouve, mais ne s'y limite pas.

## Par un heureux hasard

Voici donc où nous en sommes : le hasard est une savonnette conceptuelle qui se dérobe sans cesse, en même temps qu'une caverne d'Ali Baba, aux richesses et recoins innombrables. Le craindre est dès lors normal : en plus de son potentiel négatif, sa constante dérobade n'est pas pour rassurer l'homme qui, plus que tout, aime l'ordre et la catégorisation. Mais en rester là semble extrêmement réducteur. En particulier, ce parti pris implique que rien dans le hasard, dans sa liberté même, ne puisse être bénéfique. Mais est-il correct de penser que, parce qu'il échapperait à notre intelligence, le hasard ne peut nous jouer que de mauvais tours ? D'ailleurs, est-il même correct de penser qu'il échappe à notre intelligence ?

# Chapitre II

# Le hasard et la psychologie

## 1 – La coïncidence

« Plus on prête attention aux coïncidences, plus elles se produisent. »

Vladimir Nabokov

### Le choc de Bornéo

« Comment s'étaient-ils rencontrés ? Par hasard, comme tout le monde. »

Diderot

La coïncidence est probablement l'expérience la plus banale que l'on puisse faire du hasard. Pour autant, on aurait tort de considérer qu'elle est sans intérêt. Car même si elle est l'une des choses les mieux partagées, le sens qu'elle prend diffère grandement en fonction du parti pris adopté. « Il n'y a pas de fait, seulement des interprétations », affirmait Nietzsche. En particulier, et c'est ce qui nous retiendra principalement dans ce chapitre, certaines de ces interprétations postulent que, si la coïncidence existe bel et bien, elle n'entretient aucun rapport avec le hasard qui, lui, serait pure fiction ; d'autres encore soutiennent que, s'il est une réalité, il peut être domestiqué. On s'en doute, ces partis pris interprétatifs ne peuvent pas être ignorés : la première catégorie apporte, en effet, une conclusion à notre sujet avant même que son étude n'ait commencé, la seconde risque de rendre son équilibre plus que précaire, et, finalement, son existence fragile.

Pour commencer, demandons-nous ce qu'est une coïncidence, ou plutôt, ce qui fait d'un hasard une coïncidence ? Prenons l'exemple de Géraldine, partie en voyage dans la jungle de Bornéo. Pas n'importe quel voyage, car Géraldine n'aime pas traîner ses guêtres dans les grands hôtels pour touristes, et évite donc les sentiers battus : l'itinéraire qu'elle s'est concocté lui fera découvrir des endroits sauvages, des chauves-souris géantes, des forêts primaires, des tribus isolées, et bien d'autres choses. Mais voilà, au beau milieu de la jungle, dans un lodge situé à plus de cinq heures de piste de toute civilisation, elle tombe nez à nez avec Benjamin Romaldi, un collègue de bureau. « Ça alors, quel hasard ! » Quel hasard, oui, ou quelle coïncidence. Car ici, le hasard qui a présidé à cette rencontre est d'un type particulier : la coïncidence met en effet l'accent sur l'élément de *surprise*. Qu'un pot de fleurs tombe sur la tête d'un passant est également inattendu, mais on ne parlera pas dans ce cas directement de coïncidence, et ce n'est pas le sentiment de surprise qui domine[1]. Cette surprise s'explique par plusieurs facteurs. D'abord, on s'en doute, l'*imprévu*. Géraldine n'imaginait jamais retrouver un collègue de bureau à l'autre bout de la planète.

Cette remarque introduit donc l'idée de *distance* comme facteur déterminant : Bornéo se trouve à des milliers de kilomètres du bureau, et que Benjamin Romaldi puisse lui aussi y être ne fait qu'accroître le sentiment de surprise. Celui-ci aurait été moins fort si Géraldine avait su, par exemple, qu'il était marié à une Malaisienne ou qu'il collectionnait les papillons exotiques. Ou, plus simplement, si elle était tombée sur lui dans une boulangerie à trois pâtés de maisons de leur bureau... Inversement, la surprise aurait été encore accrue si Benjamin était de notoriété publique un pantouflard notoire, ou un virulent allergique des avions. La distance entre les éléments mis en commun ne définit pas la coïncidence en soi, mais elle affecte son intensité[2].

Ce qui nous amène au caractère *improbable* de la coïncidence – qui est différent de son imprévisibilité. La probabilité, ou l'improbabilité, même si elles sont avant tout des notions mathématiques, sont aussi des ressentis, des évaluations intuitives, et clairement les chances qu'avait Géraldine de partager un lodge dans la jungle avec Benjamin étaient minces, les probabilités faibles. Bien entendu, *a posteriori*, ce n'était pas impossible. L'impossible est une autre histoire. Ce qui fait que cette

1. Peut-être l'incrédulité, la malchance, voire le sentiment d'absurdité.
2. Observation, comme on le verra, qui se trouve à la base d'un important mouvement artistique, le surréalisme.

improbable rencontre est tout de même probable, c'est qu'il est possible de trouver des raisons qui l'expliquent. Autrement dit, de remonter logiquement le fil des événements qui ont conduit au choc. Et c'est là le trait important de la coïncidence, qui se distingue donc du hasard compris comme absence de cause. La coïncidence est bien le résultat d'un enchaînement de causes et de conséquences qui à la fois la rendent parfaitement probable, voire nécessaire, et parfaitement surprenante. Pour reprendre une formule qui a fait la gloire de Cournot, la coïncidence figure la « rencontre de deux séries causales indépendantes[3] ». En d'autres termes, il y a causalité, mais aussi indépendance, et c'est celle-ci qui fait que l'élément causal nous échappe temporairement, et que l'on soit donc surpris.

Cette irruption de la causalité dans le hasard est problématique. D'un côté, on ne peut nier que ce qui arrive a forcément des causes, mais de l'autre, le hasard n'aurait pas été le casse-tête intellectuel qu'on sait s'il était aussi simple que la rencontre de deux chaînes causales, fussent-elles indépendantes. L'ennui majeur avec les causes est que, dès qu'on les aborde, on touche nécessairement à l'épineuse question du déterminisme. Il est en effet facile de dire, si l'on est « anti-hasard », que puisque la présence de Benjamin à Bornéo, de même que celle de Géraldine, s'expliquent de façon tout à fait rationnelle, leur rencontre n'a rien de fortuit : la

3. En fait, Cournot ne décrivait pas là la coïncidence : c'est sa définition du hasard. Étymologiquement, cela dit, elle colle comme un gant à la coïncidence (le latin *coincidere* signifie en effet « tomber ensemble »).

coïncidence alors n'a tout simplement rien de hasardeux ; elle se réduit juste à la fameuse ignorance des causes.

Quelle que soit votre position sur la question, il y a une chose en tout cas que la causalité n'ôte pas à la coïncidence, et c'est l'élément de surprise. Les deux collègues de bureau ont beau être implicitement d'accord sur le fait qu'ils sont où ils sont pour des raisons précises et logiques, curieusement, lorsque Benjamin raconte à Géraldine la chaîne d'événements qui l'a amené dans ce lodge, qu'elle a la confirmation d'une causalité indéniable derrière leur rencontre, elle n'en est pas moins surprise. Autrement dit, non seulement la causalité n'est pas exclusive de l'étonnement, mais la connaissance de la causalité non plus. Comment est-ce possible ? D'abord parce que la causalité n'affecte ni le caractère improbable ni la distance impliqués. Mais pour connaître ce qui alimente véritablement la surprise dans la coïncidence, imaginons un instant que le lendemain de leur première rencontre, Benjamin n'y tienne plus. Il frappe à la porte de Géraldine et la supplie de le suivre dans la jungle, puis lui avoue finalement qu'il l'aime follement depuis de longs mois. Sans être grand clerc, elle comprend donc qu'il n'y a aucune coïncidence à leur rencontre.

Qu'est-ce qui a changé ici par rapport au premier cas de figure ? Au niveau causal, pas grand-chose, car dans les deux cas, il y a bien enchaînement de causes et d'effets. Par contre, à cet aveu amoureux, les impressions d'improbabilité, d'imprévu et de surprise s'évanouissent complètement. La raison en est évidente : l'*intention*. Les deux séries causales qui se sont rencontrées à Bornéo sous les traits de Benjamin et Géraldine ne sont, en fait, pas indépendantes. Depuis le début, les gestes qui ont présidé au voyage de Benjamin étaient destinés à la lui faire rencontrer. Or, là où il y a volonté consciente, il n'y a pas hasard.

Une des grandes difficultés, lorsqu'on parle du hasard, est donc celle de la *connaissance* qui, à son tour, affecte grandement le regard qu'on porte sur un même événement. L'intention peut être soit révélée, auquel cas il y a machination, et donc pas l'ombre d'un hasard ; soit, par contre, elle demeure secrète, et l'impression d'avoir fait l'expérience d'une remarquable coïncidence subsiste pour la personne flouée. Ce qui n'empêche pas un seul instant qu'il n'y ait strictement rien de hasardeux derrière. On touche ici, très simplement, au fait que toute connaissance est fondamentalement partielle. Or, étant partielle, existe toujours la possibilité qu'elle se révèle fausse.

En ce qui concerne le hasard, la coïncidence nous apprend dès lors deux choses : qu'il ne peut être le fait d'une volonté, et qu'il entretient un dialogue nécessaire avec la causalité. Il n'est pas clair si l'on peut envisager qu'il est causé, ou qu'il ne l'est pas : s'il l'est, on voit mal ce qui en fait justement un « hasard » ; mais s'il ne l'est pas, alors qu'est-il, sinon peut-être un miracle sans père, une impossibilité soudain devenue possible et nécessaire ? Dans une optique matérialiste classique, le hasard ne semble véritablement être qu'une façon déguisée de dire qu'on ne connaît pas les causes d'un événement. Dans cette logique, tout ce qui arrive est le résultat d'une cause : *ex nihilo nihil* (« rien ne naît de rien »). Autrement dit, tout est déterminé.

J'insiste sur ce « tout » : même en l'absence de toute intention de la part de Benjamin, sa rencontre avec Géraldine peut facilement s'expliquer : après avoir vu une émission de télé intéressante sur l'île, il s'est dit « allez, pourquoi pas ». Normalement, ici, certains disent : mais c'est un peu par hasard s'il est tombé sur cette émission, non ? Oui, mais non en fait, car un matérialiste-déterministe acharné montrera sans mal comment la difficile journée de bureau de Benjamin l'avait confiné chez lui le soir précis du passage de l'émission, comment les autres chaînes passaient des programmes qui ne pouvaient pas lui plaire, et même comment cette émission en question ne pouvait pas passer un autre soir que celui-là : au final, il vous montrera comment il ne pouvait en être autrement, et cela *ad infinitum* et pour tout, jusqu'à, finalement, rien de moins que la naissance de l'univers.

### Avec l'aide de Dieu

On s'en doute, la logique matérialiste n'est pas la seule à rendre compte de la coïncidence. Les deux interprétations abordées dans les pages à venir ont en commun avec elle de nier l'existence du hasard : dans aucun cas, il n'y a négation de l'*impression* de hasard, simplement du fait qu'on ne puisse donner une explication à ce qui semble fortuit. La grande différence, toutefois, est que le matérialiste, lorsqu'il étudie la coïncidence, exclut toute notion d'intention.

La première de ces deux autres logiques est celle des religions. Il faut se rappeler qu'avant 1150, c'est-à-dire l'apparition du mot « hasart » en français, nos ancêtres disposaient principalement de termes comme « fortune », « sort », voire « destin », pour qualifier ce qui arrivait à l'improviste. Il n'est dès lors pas difficile de voir l'influence « religieuse » sur le vocabulaire, et donc le concept : les trois mots renvoient ouvertement à des figures mythologiques. Les Destinées [4] étaient d'ailleurs, elles aussi, au nombre de trois : Clôtho, Lachésis et Atropos. Filles de Nyx, la Nuit, Clôtho filait sur son métier la vie des hommes, Lachésis en établissait le sort, et Atropos coupait le fil lorsque le temps était venu. Dans l'Antiquité, le destin n'était pas un vain mot. La tragédie, par exemple, reposait en grande partie sur la mise en scène d'un homme aux prises avec son destin. Œdipe en est l'illustration la plus célèbre.

Naturellement, les religions monothéistes se sont débarrassées de ces figures périphériques que sont les Parques. Pourtant, l'idée de destin est loin d'en être absente. L'islam, entend-on souvent, est des trois celle qui en serait la plus ouvertement empreinte. Le Coran indique en effet qu'Allah, tel Atropos, a fixé l'heure de notre mort. La troisième sourate explique ainsi que « personne ne peut mourir que par la permission d'Allah, et au moment prédéterminé ». Il y a une nécessité apparemment implacable de l'islam, qui se décline sous plusieurs formes, par exemple *Qadi* (« divine destinée ») ou *Hukm* (« ordre »), et fait irruption à de nombreuses reprises tout au long du Coran [5]. Mais là-dessus au moins, islam et christianisme se

4. Ou Moires (en grec), Parques ou Fata (en latin).

5. Nécessité récemment exprimée ainsi par Dalil Boubakeur, recteur actuel de la Grande Mosquée de Paris : « Suivant une harmonie divine préétablie, l'homme n'est pas libre de ses actes. »

rejoignent, ainsi que l'indiquent d'innombrables textes : « Le Dieu de nos pères t'a destiné à connaître Sa volonté, à voir le Juste, et à entendre les paroles de Sa bouche. » (Actes 22,14) ; « afin que des temps de rafraîchissement viennent de la part du Seigneur, et qu'Il envoie celui qui vous a été destiné, Jésus-Christ. » (Actes 3,20) ; « Je suis l'alpha et l'oméga, dit le Seigneur Dieu, celui qui est, qui était, et qui vient, le Tout-Puissant. » (Apocalypse 1,8)...

La conséquence directe la plus choquante de cette nécessité est bien sûr que l'homme se retrouve privé de tout libre arbitre, qu'en somme il ne fasse que suivre le plan prévu pour lui par Dieu. *Inch'Allah*, si Dieu le veut... Là encore pourtant, tout est affaire d'interprétation, et il est clair que le présupposé de l'absence totale de liberté pour l'homme n'allait pas passer comme une lettre à la poste. C'est pourquoi on retrouve dans les religions du livre trois camps bien distincts : les défenseurs de l'asservissement de l'homme, les partisans du libre arbitre, et les promoteurs d'une conciliation des deux extrêmes. En fonction de ces différences interprétatives, on peut donc dire que l'emprise de la divinité sur sa création peut occuper tous les points existant entre les deux extrémités du segment [DL], où D est la détermination et L, la liberté.

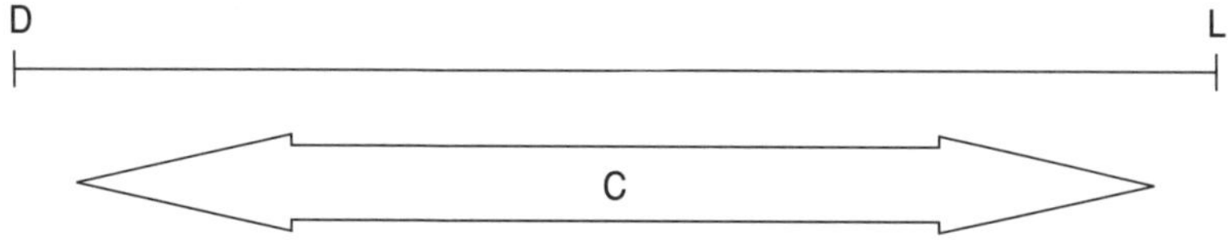

Plus le point C (la coïncidence) est proche de D, moins l'homme est libre, et, pour revenir à notre sujet, moins la coïncidence est coïncidence. Admettons par exemple qu'à la suite de leur rencontre – que Benjamin n'a pas mise sur pied – les deux collègues tombent follement amoureux l'un de l'autre. Si, et seulement si, ils croient en un Dieu déterminant, ils seront enclins à comprendre leur rencontre non pas comme un hasard, mais bel et bien comme le fruit d'un plan divin. Coïncidence = zéro. Cette idée peut paraître surprenante à certains lecteurs, mais elle est en fait assez répandue. D'ailleurs, on peut également la trouver chez des personnes qui, dans le même temps, se considèrent parfaitement libres. Autrement dit, certains croyants ne voient pas de contradiction à expliquer la coïncidence comme une expression du « c'était écrit » tout en s'estimant, par ailleurs, à l'abri de toute détermination.

À l'autre bout du continuum [DL], la liberté de l'homme est totale. Dans ces conditions, la coïncidence telle qu'on l'a vue en premier lieu semble tenable : Dieu n'a pas *voulu* cette rencontre, qui est arrivée sans préméditation, au petit bonheur la chance. C'est ainsi que l'envisagent logiquement les partisans d'un Dieu distant, ou plutôt ayant doté l'homme du libre arbitre, de la liberté d'agir. C'est ce qu'on aime entendre : quel serait en effet mon mérite – s'il y en a un – à écrire ce livre si Dieu l'avait prévu depuis l'origine ? Malheureusement, une telle interprétation omet trop facilement cette véritable plaie dans la conscience de sa liberté de l'homme croyant : Dieu sait tout de toute éternité. Même s'il s'illusionne à ce sujet, croire en Dieu signifie qu'il marche vers une fin annoncée, fin individuelle, mais aussi fin collective, avec le Jugement dernier. *Quoi qu'il arrive*, il y aura toujours des élus, toujours des rejetés, Jésus reviendra parmi les siens et Dieu s'installera avec Ses valises sur notre planète.

Dans cette perspective, il est vrai que l'octroi divin d'un peu de liberté n'est pas « gênant », puisqu'il s'agit d'une liberté individuelle régie par une téléologie collective. C'est un peu comme remplir d'eau une casserole pour se faire cuire des pâtes. Votre casserole est sous le robinet, et l'eau coule. Que vous soyez Dieu ou cuisinier, vous vous moquez pas mal que telle molécule d'eau se casse une jambe, décide de lire Kant, étrangle une molécule voisine ou réserve un voyage pour Bornéo, pourvu qu'elle tombe à la fin dans votre casserole. Elle peut bien être libre, à condition qu'elle aille, avec les autres, là où vous voulez qu'elle aille. Bien sûr, la liberté *collective* serait autrement problématique. Mettons que, prises d'une folie inouïe ou simplement syndiquées, nos molécules d'eau décident d'un commun accord de faire un grand pas vers la droite ou de mettre fin à leurs jours à peine passé le seuil du robinet. Le résultat est on ne peut plus gênant pour l'eschatologie voulue par le cuisinier : pas d'eau dans la casserole, pas de pâte dans l'estomac, et une mort de faim à petit feu. Mais bien sûr cette folie n'existe pas, car Dieu veille.

Reste donc la troisième position, assise sagement au milieu de notre segment, et illustrée par cette citation de Ja'far as-Sâdiq, sixième imam : « Ce n'est ni la détermination, ni le libre arbitre, mais quelque chose entre les deux ». Autrement dit, l'homme est libre dans les limites que la destinée voulue par Allah – ou Dieu – lui accorde.

Position, on s'en rend compte, digne d'un équilibriste génial, car on voit mal comment la conciliation de ces deux antithèses est possible.

### Les paras de la psychologie

Les croyants ont ainsi tendance à voir les coïncidences à travers le prisme d'une certaine nécessité, ou d'une nécessité certaine. D'une certaine manière, ils ont l'impression que la coïncidence est *trop* improbable pour ne pas avoir de raison d'être : elle est tellement surprenante qu'elle ne s'explique pas par elle-même, il y a forcément quelque chose d'autre. Comme il n'y a pas de hasard, il y a Dieu. Mais le déterminisme religieux – assimilable au déterministe matérialiste en la matière – n'est pas la seule façon de faire sens des coïncidences. Imaginons un nouveau cas de figure mettant en scène ce qui pourrait, à première vue, ressembler à du hasard : il y a quatre ans, Antonin a fait la connaissance d'Émilie dans la file d'attente d'un cinéma. Après le film, ils avaient discuté avec passion dans un bar. Puis ils s'étaient revus quatre ou cinq fois par la suite, mais, sans prévenir, Émilie avait soudainement disparu. Après cinq appels infructueux, Antonin avait fini par tirer un trait sur elle. Quatre années passent sans qu'il repense à elle. Puis un beau jour, alors qu'il déambule dans la rue, elle refait surface dans son esprit. De retour chez lui, le téléphone sonne, et devinez quoi, c'est Émilie au bout du fil... Quelle étrange coïncidence, n'est-ce pas ?

Le matérialiste dira qu'en effet, c'est étonnant, mais que « c'est comme ça ». Le croyant y verra un signe de la providence. Comme lui, un autre type de personnes pensera que c'est « trop beau pour être vrai », qu'il y a anguille sous roche, sans pour autant que cette anguille soit divine. En d'autres termes, certains voudront trouver une explication à cet événement qui semble défier le cours normal des choses sans se contenter de l'idée de hasard, mais sans passer par Dieu non plus. La logique causale est insuffisante, et la logique religieuse erronée. Que reste-t-il ? Une dimension explorée depuis à peu près un siècle et demi par une branche que d'aucuns appellent hybride, car mêlant psychologie, science et parfois une pincée d'ésotérisme : la parapsychologie.

La parapsychologie est l'étude des phénomènes paranormaux ayant une origine psychique, c'est-à-dire liés à l'esprit. Le préfixe *para-* dans « parapsychologie » et « paranormal » signifie que ces domaines traitent de faits qui dépassent le cadre de la psychologie classique. Le parapsychologue ne s'intéresse donc pas aux lapsus révélateurs et aux différents stades du développement chez l'enfant ; par contre, il va se pencher sur les poltergeists ou l'histoire d'Émilie et Antonin. Son hypothèse de travail est que ce qui ne s'explique pas en termes scientifiques peut l'être *autrement* : il suffit pour cela d'accepter que la science traditionnelle n'épuise pas le réel, et en particulier qu'elle omet de ses calculs une donnée importante, sinon essentielle : l'esprit humain.

Les origines de la parapsychologie remontent au milieu du XIXe siècle, avec la création du spiritisme qui postule l'existence de deux mondes, et, plus significatif, la possibilité d'une communication entre eux. À cette époque, le spiritisme fait fureur en Europe, et spécialement dans les salons parisiens, où la mode des tables tournantes fascine – Victor Hugo est sans doute le cas le plus célèbre de converti. Pour autant, il serait faux de confondre parapsychologie et spiritisme : celui-ci s'apparente à une religion, celle-là veut être reconnue comme science à part entière. C'est pourquoi l'existence de deux mondes, par exemple, ne fait aucunement partie de ses postulats [6]. Bien entendu, étant donné qu'elle travaille sur des phénomènes qui sont soit niés soit expliqués de façon « cavalière » par la science traditionnelle, la parapsychologie se bat depuis le début pour asseoir sa vocation empirique, et pour convaincre de son objectivité.

Cela dit, ce n'est pas l'objet de ce livre de déterminer si la parapsychologie voit juste ou pas, mais de voir comment elle envisage la coïncidence. Dans ce but, penchons-nous sur une expérience réalisée par un des plus grands noms dans ce domaine, Joseph Rhine, biologiste et psychologue de la Duke University (États-Unis). Il a été le premier, à partir de 1927, à introduire l'approche statistique dans la parapsychologie, cherchant ainsi à éviter tout problème lié à la supercherie éventuelle. L'expérience en question est celle des cartes Zener, un jeu de cartes simplifié ne comportant que cinq signes : un cercle, un carré, une croix, une étoile et une vague. Elle implique deux personnes, une

6. Il est bien sûr toujours possible de mêler spiritisme et parapsychologie. Mais ça ne veut pas dire que l'une ait *besoin* de l'autre.

qui les retourne, et une autre qui, sans voir les cartes, essaie de deviner leur signe.

Si l'on se place du côté de la science traditionnelle, à condition que le nombre de cartes retournées soit suffisamment grand, la probabilité que les réponses soient bonnes tendra de plus en plus vers la proportion 1/5, ou 20 %. En 1934, Rhine publie ses premiers résultats : après 85 000 cartes retournées, la proportion de bonnes réponses observées est de 28 %. La question qu'il pose naturellement est donc la suivante : comment expliquer ces 8 % de trop ? En effet, rien ne permet de les justifier, et 8 % n'est pas une mince déviation. On pourrait penser, dans une optique sceptique, que ces 8 % sont le fruit d'une variation aléatoire : autrement dit, cet écart est peut-être un simple hasard. Mathématiquement, les chances que ce soit le cas sont extrêmement minces, mais pourquoi pas. Après tout c'est un peu comme au loto, il suffit d'une fois... Le problème est que Rhine a ensuite continué, et que d'autres ont repris le flambeau après lui, obtenant les mêmes différences, ce qui fait que ce genre de déviation par rapport à la moyenne n'a plus rien à voir avec du hasard.

La question demeure donc : quid de ces 8 % ? Aux yeux de Rhine et des autres parapsychologues, cet écart est compris comme une preuve éclatante de l'existence de quelque chose qui n'a pas encore été exploré. En l'occurrence, la télépathie, le fait que certaines personnes arrivent à établir comme un lien non physique avec d'autres. On cite souvent comme exemple similaire les jumeaux, qui auraient la faculté de « savoir » lorsque quelque chose d'important arrive à leur double génétique (mise au monde d'un enfant, accident, décès, etc.). Pour autant, dire qu'il s'agit de télépathie n'est pas suffisant, car il ne s'agit au juste de rien de plus que d'une hypothèse, une tentative d'explication d'un phénomène qui fait question : en tant que telle, la télépathie n'a pas été prouvée, identifiée positivement, et l'on ne sait donc rien de particulièrement solide sur elle.

Pour pallier cette absence, pour tâcher d'expliquer comment la télépathie fonctionne, plusieurs théories ont été élaborées. La première abordée ici est celle de Carl Jung. Jung a été, de 1907 à 1913, un interlocuteur privilégié de Freud et un grand promoteur de la cause psychanalytique dans le monde. Mais des différences d'interprétation quant à l'inconscient et à l'origine des troubles psychanalytiques eurent raison de leur amitié. La *synchronicité* est le concept que ce mauvais élève a créé pour essayer d'expliquer les phénomènes paranormaux en général, et les coïncidences en particulier. Dans les mots de Jung : « Un contenu psychique inattendu, qui est directement ou indirectement lié à quelque événement extérieur objectif, coïncide avec l'état psychique ordinaire : voilà ce que j'appelle synchronicité. » C'est aussi « l'occurrence simultanée de deux événements liés par le sens et non par la cause », ou encore « la coïncidence dans le temps d'au moins deux événements non reliés de façon causale qui ont le même sens ou presque ». Jung y voyait un principe d'explication à égalité avec celui de la causalité. En fait, il appelait aussi la synchronicité un « principe de causalité acausale », mettant encore une fois l'accent sur l'absence de relation cause-effet.

Qu'est-ce que ces définitions signifient au juste ? Jung n'est pas particulièrement clair dans *La Synchronicité*. Mais d'après sa théorie analytique générale, on peut voir que ce principe a affaire avec l'*Unus Mundus*, le monde un, unifié. En bref, ses écrits postulent l'existence d'un inconscient collectif qui serait comme la mémoire enfouie en chacun de nous de notre évolution. Cette mémoire est constituée de ce qu'il appelle « archétypes », sortes de figures symboliques communes à l'humanité entière, telles que le Père, le Héros, ou encore le Sauveur. Ces archétypes trouvent un passage vers la lumière par l'intermédiaire des rêves, par exemple, mais aussi dans des productions artistiques conscientes comme les mandalas. Par ailleurs, Jung met l'accent sur le phénomène de l'individuation, qui consiste peu ou prou en la réunification des éléments opposés de la psyché (le conscient et l'inconscient, par exemple) en une seule instance, qu'il nomme le Soi. Mais cette individuation, qui est, en un sens, le retour à l'unité primordiale, se heurte aux diverses résistances de la conscience et de l'inconscient « individuel » – celui que Freud a longuement analysé. Ce qui ne veut pas dire que l'inconscient collectif soit indéfiniment relégué à l'oubli, puisqu'il existe la compensation, à savoir les moyens mis en œuvre par celui-ci pour déjouer les barrières de la conscience. À nouveau, on pense au rêve, où les forces opposées à l'individuation sont à leur plus faible et où les deux inconscients, collectif et individuel, envoient des signaux à l'individu. On pense aussi à l'art. Et l'on pense, enfin, en tout cas Jung, à la synchronicité.

La synchronicité serait donc une des formes compensatoires prises par l'inconscient. Elle ferait coïncider un événement interne, propre à l'individu, et un événement externe. Mais en fait, on le comprend, cette extériorité n'est qu'illusoire, car en fin de compte ce que tout ce raisonnement met en lumière est le monisme fondamental de tout ce qui est. Vous croyez être unique, différent, mais en fait vous, moi, le crapaud dans sa mare et Proxima du Centaure appartenons tous à un principe commun, l'*Unus Mundus*. Penser le contraire, c'est simplement s'aveugler sur le sens profond de la synchronicité, des rêves et des mandalas. Ce qui ne réfute pas pour autant l'individuation, mais la replace dans une logique supérieure : dans le meilleur des cas, l'individuation réussie conduit à une reconnaissance de cette grande unicité de tout. On voit ainsi en quoi Jung parle de *sens* à propos des phénomènes parapsychologiques : teintés par notre expérience et notre personnalité propres, les rêves comme les coïncidences n'ont de signification que pour nous, ils sont la forme que prend, dans *notre* psyché, le message que *nous* envoie *notre* inconscient. C'est d'ailleurs la raison pour laquelle la cure psychanalytique est strictement individuelle, et que le même rêve chez deux personnes différentes peut avoir deux sens diamétralement opposés.

Dans ses grandes lignes, cette interprétation a connu, et connaît encore, un immense succès, en particulier en psychanalyse et dans le domaine que les librairies françaises nomment « développement personnel ». Aussi le psychanalyste américain Robert Hopcke consacre-t-il *Il n'y a pas de hasards* à dresser une liste de cas dans lesquels d'apparentes coïncidences se révélèrent porteuses d'un sens souvent déterminant pour ceux qui les vécurent. Comme ce Matthew qui, en partance pour une audition de chant qu'il avait préparée assidûment avec son professeur, tombe « synchronistiquement » sur une version de la chanson – peu connue – chantée par Pavarotti. À l'audition, Matthew opte pour l'interprétation du célèbre ténor, au détriment de celle répétée à satiété avec son professeur. Et cette décision lui porte chance.

Pour Hopcke, les événements « synchronistiques » ont quatre traits communs : ils sont acausaux, ils occasionnent une perturbation affective, leur contenu est symbolique, et enfin, ils ont lieu lors de périodes de transition, c'est-à-dire lorsque l'individu est censé être plus réceptif, plus ouvert. Autrement dit, ces événements ont un sens, qu'il faut encore trouver pour soi, mais qui apporte de l'eau au moulin de l'idée que, effectivement, ce « ne sont pas des hasards ». Matthew n'est pas tombé sur Pavarotti poussant sa chansonnette à lui par hasard ; non, cette arrivée du ténor sur les ondes est la forme prise par la compensation : Matthew ne se sentait pas à l'aise avec l'interprétation que lui avait apprise son professeur de chant, et hop ! quelque chose se passe entre son désir, donc son inconscient, et le « roman de notre vie », voire le « grand tout », selon les termes de Hopcke (l'*Unus Mundus* de Jung), qui règle le problème. Il est décidément malheureux que la synchronicité soit acausale, car il serait bien utile de pouvoir répéter la chose à l'envi.

Vous pensez que j'ironise ? Eh bien lisez le Dr Deepak Chopra, « médecin endocrinologue », fondateur du Centre Chopra de bien-être et auteur, entre autres, du *Livre des coïncidences.* Pour lui, cette répétition n'est pas du domaine de l'inaccessible, bien au contraire. À ses yeux, plus affirmatifs que ceux de Jung ou de Hopcke, il existe une « âme universelle » qui nous contient tous, et nous y brancher ne dépend que de nous. Cette âme universelle comprend tous les possibles, c'est un « champ infini de pur potentiel », autant dire un coffre au trésor dans lequel on n'a qu'à se servir pour « changer le cours de notre destinée ». En un sens, Chopra ne fait que tirer les conséquences d'une version quelque peu caricaturale de la vision jungienne : le grand mystère central dont procède l'inconscient collectif, auquel nous relie de façon très fragmentaire la synchronicité, et qui se manifeste à nous plutôt que nous ne l'appelons, est conçu par Chopra comme une sorte de réservoir géant dont l'accès est bel et bien en notre pouvoir. Y puiser, c'est « atteindre la réalisation spontanée de tous nos désirs ». C'est donc là que « nous pouvons transformer notre existence selon nos intentions », après quoi l'impossible même « peut être rendu possible ».

Le nom donné à cette belle faculté est *synchrodestinée.* Se confirme clairement dans le préfixe la dette de Chopra envers Jung, car ce que le docteur décrit par là est une « connexion entre l'âme personnelle et l'âme universelle ». Par contre, on saisit moins la composante « destinée » : car s'il nous est possible d'influencer notre propre vie, d'en prendre les rênes et de réaliser tous nos désirs, il n'y a sûrement pas destin… Mais il faut reconnaître que je m'y connais peu en endocrinologie.

Comment ressort donc la coïncidence d'un traitement « parapsychologique » ? Eh bien il semble finalement que, là aussi, l'homme ne soit maître de son jeu que dans des limites précises, c'est-à-dire jusqu'à ce que la coïncidence fasse son apparition. Car celle-ci n'est pas le fruit du hasard, d'un quelconque aléatoire, mais l'expression concrète, si l'on veut, de nos désirs devenus réalité. Tout se passe comme si le monde extérieur se mettait soudain au diapason de notre plus profonde et secrète intériorité. Selon ce point de vue, l'histoire d'Antonin et Émilie n'est pas anodine. Elle a un sens. Si c'est le cas pourtant, on peut s'étonner du fait que la coïncidence demeure si souvent caduque. Qu'elle fasse si fréquemment partie de nos vies sans pour autant recevoir, ni nécessiter, une exégèse. Qu'à cela ne tienne, les parapsychologues expliqueront que ce sens existe forcément, sans quoi il n'y aurait pas eu coïncidence. Accommodons par conséquent Pascal pour redire l'idée, déjà vieille, que l'inconscient a ses raisons que la raison ne connaît pas. La troisième blessure narcissique de l'homme [7] fait de celui-ci, sinon un pantin, en tout cas une créature au moins partiellement guidée par son inconscient, c'est-à-dire une instance sur laquelle il n'a aucun contrôle. Il faut par conséquent accepter l'idée d'un nouveau déterminisme : non pas la physique, non pas Dieu, mais l'esprit. La coïncidence est causée acausalement par notre inconscient au moment précis où nous sommes à même de lui attribuer un sens.

---

7. Expression de Freud. La première est la théorie copernicienne : la Terre (et l'homme) est reléguée à la périphérie de l'univers. La deuxième est le darwinisme : l'homme est issu du singe.

## Le monde est petit

Au terme de ce parcours à travers les différentes grandes explications de la coïncidence, nous en avons mis en valeur certaines caractéristiques qui nous renseignent en creux sur son grand cousin, le hasard. Elle est *subjective*, puisqu'elle implique un sujet : il n'y a de coïncidence que ressentie, remarquée. Elle est également *relative*, étant étroitement liée à un concours de circonstances particulier : remplacez Antonin par Benjamin et vous vous retrouvez les mains vides. La coïncidence a, par ailleurs, partie liée avec la connaissance, et son contraire l'*ignorance*. S'il est vrai que la connaissance des causes n'empêche pas la surprise, les choses se compliquent si cette causalité sous-jacente à la coïncidence prend sa source dans l'*intention*. L'intention connue tue la coïncidence, supprimant l'impression de hasard. Or, c'est au délicat carrefour de la connaissance et de l'ignorance que se situent les religions et la parapsychologie. Toutes deux reposent en effet sur une part non négligeable de croyance, c'est-à-dire l'admission non vérifiée de faits à peu près inobservables, et c'est pourquoi elles ont toute liberté de confirmer ou d'infirmer, au gré de leurs envies, la notion de coïncidence. Et à ceux qui ne réussissent pas à y voir autre chose que du hasard, elles expliquent que c'est parce qu'il leur manque des informations.

Bien sûr, ce contre-argument au hasard est la plupart du temps improuvable. Mais il serait trop facile de s'arrêter là, et ce pour deux raisons : d'abord, le fait qu'il soit improuvable n'exclut pas qu'il soit juste. Et, ensuite, le hasard lui aussi échappe à la démonstration. Statu quo donc : étrangement, le hasard est également, à sa manière, une croyance. À moins, bien entendu, qu'on ne se place dans une optique purement matérialiste, où n'existent ni Dieu ni inconscient collectif, et où les coïncidences adviennent comme il se doit, c'est-à-dire fortuitement. Toutefois, même dans ce cas, le sens à donner au terme « hasard » est ambigu : si c'est l'intention qui sert d'étalon à la coïncidence, alors il y aura hasard si, et seulement si, l'intention fait défaut. Mais il suffit qu'on entende celui-ci comme non seulement ce qui est dénué d'intention, mais aussi ce qui n'a pas de cause pour renier l'idée même d'associer coïncidence et hasard – puisque tout a une cause matérielle.

La coïncidence est, enfin, fonction de son *improbabilité*, qui détermine son caractère imprévisible, et donc l'effet de surprise. Plus un événement ou une suite d'événements est improbable, plus il estomaque. En 1885, le dramaturge Arthur Law avait écrit *Caroline*, une pièce dans laquelle un personnage nommé Robert Golding s'avérait être l'unique rescapé du naufrage d'un bateau éponyme. Quelques jours après la première, un navire, la *Caroline*, sombre. Seul survivant, un certain Golding[8]... Comme beaucoup de coïncidences, on a envie de dire que cette anecdote est trop grosse pour être vraie, et l'on cherche dès lors à en résoudre le mystère en faisant appel à une « raison ». Maintenant, une telle « raison » est-elle véritablement nécessaire ? Est-il

8. Exemple emprunté à *Beyond Coincidence* de Martin Plimmer et Brian King, Thomas Dunne Books, 2005.

vraiment besoin de donner du « sens » à de tels événements ? Autrement dit, l'improbabilité est-elle forcément le signe d'une « présence » ? Grâce aux mathématiques, on peut en effet calculer la probabilité que les coïncidences se produisent. Prenons l'exemple, inspiré d'Eastaway et Wyndham[9], d'un groupe de vingt-trois personnes parties en voyage organisé en Égypte. Lors d'un repas sur le Nil, Micheline apprend à son voisin de table, Roger, qu'elle est née un 13 avril. Vraiment, répond-il ? C'est incroyable, ma femme aussi ! En dépit des apparences, cette coïncidence n'a rien d'improbable : en fait, et pour étrange que cela puisse paraître, dans un groupe de vingt-trois personnes, il y a 51 % de chances que deux d'entre elles aient la même date d'anniversaire.

Eastaway et Wyndham se livrent à un calcul plus surprenant encore. Estimant que la possibilité de vivre une coïncidence particulièrement improbable (de l'ordre estimé d'une chance sur un million), comme d'avoir un accident de voiture avec un homme politique le jour même où vous avez voté pour lui, se répète disons une centaine de fois par jour, ils en arrivent à prédire que, dans les vingt années à venir, nous avons tous une chance sur deux d'être pris au dépourvu par l'imprévisible. Partant, prenez vingt personnes, et la probabilité est à peu près de 50 % que l'une d'entre elles ait vécu ce genre de coïncidences dans l'année écoulée. Le message est clair : avant de crier au destin ou à la synchronicité, faites appel à votre calculatrice. Descartes l'avait montré : plongez un bâton

9. Dans *Why do buses come in threes ?*, Barnes & Noble, 2002.

dans l'eau et il se tord. C'est en tout cas ce que nous disent nos sens. La vérité est bien sûr tout autre. La même moralité tient pour les coïncidences, au moins à écouter les statisticiens.

## 2 – L'ÉTOILE ET LA TUILE

> « La chance s'attrape par les cheveux, mais elle est chauve. »
>
> STENDHAL

### Anatomie de la chance

La meilleure preuve de ce que le hasard est intimement lié à la subjectivité se trouve dans le phénomène de la chance, qui est le deuxième contact le plus direct que l'homme a avec l'aléatoire. Au niveau purement descriptif, la chance et son contraire, la malchance, ne diffèrent pas de la coïncidence. Prenons deux exemples, d'abord celui du jeune Gabriel Garcia Marquez qui traversa toute la Colombie pour passer un examen afin d'obtenir une bourse d'études. En route, il tombe sur un autre voyageur qui veut apprendre à chanter les boléros romantiques, vœu que Marquez exauce. Une fois arrivé à Bogota, la file d'attente pour s'inscrire à l'examen du ministère de l'Éducation est immense, et Marquez fait la queue, sans se faire d'illusion. Puis soudain, quelqu'un lui tape sur l'épaule : c'est l'apprenti chanteur, qui se révèle être le

Dr Alfonso Gomez Tamara, directeur national des Bourses au ministère. La suite fut une formalité.

Le second exemple est celui du ranger Roy Cleveland Sullivan, qui en trente-six années de service fut frappé pas moins de sept fois par la foudre : en 1942, il en perdit l'ongle de son gros orteil ; en 1969, ses sourcils roussirent ; en 1970, son épaule gauche fut gravement brûlée ; en 1972, ses cheveux prirent feu ; en 1973, il survécut par miracle à l'explosion de sa voiture, frappée par un éclair ; en 1976, la foudre brûla et abîma sa cheville ; et enfin, en 1977, alors qu'il pêchait, il fut grièvement brûlé au niveau de la poitrine et du ventre.

Ces deux histoires s'expliquent parfaitement en termes de coïncidence : la rencontre de Marquez et de Tamara, et celles de Sullivan avec la foudre sont bel et bien des mises en rapport de séries causales indépendantes. Aucun moyen donc de prévoir ce genre d'événements, bien que, comme la coïncidence, ils s'expliquent facilement *a posteriori*. Ce qui change, par contre, est que là où la coïncidence est, disons, *neutre*, ici l'imprévu favorise ou défavorise. Il y a donc un fort investissement émotionnel, car la coïncidence prend soudain un sens précis, elle n'est plus un oiseau qui passe furtivement dans votre vie, mais celui qui, c'est selon, vous lâche la femme de vos rêves dans les mains ou une fiente sur la tête. On peut donc dire que chance et malchance sont des coïncidences qui impliquent une réponse émotionnelle, positive dans le premier cas, négative dans l'autre.

Cette dualité fascine, et explique que, de l'avis général, le Hasard n'est pas aussi aveugle que la Justice, qu'en somme, il a ses chouchous et ses têtes de Turcs. Autrement dit, par l'effet d'un hasard pas tout à fait objectif, certains naîtraient sous une bonne étoile. Pour eux, tout se passe bien : quand il y a de l'argent à trouver par terre c'est pour eux ; les belles filles tombent à leurs pieds ; les patrons les adorent ; quand ils envisagent de déménager, étrangement, de belles maisons à très bon marché sont mises en vente ; s'ils partent en vacances, il fait toujours grand soleil. De l'autre côté, il y a les éternels Pierre Richard, les gens qui sont tombés dans la marmite de la malchance étant petits, et pour eux rien ne va jamais : l'argent que les chanceux trouvent, ce sont eux qui le perdent ; s'ils ont de la chance dans leur malheur, ils sont célibataires, sinon ils sont coincés avec une mocheté plus bête qu'un pied palmé ; les patrons pourraient les aimer, mais à chaque fois qu'ils se rencontrent, les malchanceux renversent du café sur leur chemise ; à peine ont-ils vendu leur maison que par un tour cynique du sort leur fichier informatique à la Banque de France est confondu avec celui d'un terroriste indonésien dont tous les comptes sont bloqués ; et ils n'ont pas le temps d'arriver sur leur lieu de villégiature que leur caravane a déjà été emportée par un glissement de terrain.

D'après un sondage réalisé par le Dr Wiseman[10], psychologue anglais, 50 % de gens s'estiment chanceux, 14 % malchanceux, et 36 % ni l'un ni l'autre. Ces appréciations sont bien sûr subjectives, et les proportions peuvent fluctuer, mais ce qui subsiste est l'idée que l'on est *né* chanceux, ou que l'on est *né* malchanceux. En d'autres

10. Dans *Notre capital chance*, JC Lattès, 2003.

termes, beaucoup de gens, même athées, ont tendance à penser qu'ils font l'objet d'une détermination extérieure. Or cette détermination, parce qu'on n'a pas encore trouvé de gènes de la chance, ne peut être que d'un ordre supérieur qui nous échappe et sur lequel on n'a aucun contrôle. Il peut s'agir du destin ; il peut aussi s'agir, ce qui est légèrement différent, de l'influence d'un astre ou de tout autre facteur déterminant à la naissance, qui agirait à la fin comme le destin. Un peu comme la cryptonite de Superman : vous aurez beau y faire, elle vous hantera toujours, pas moyen d'y échapper. Encore une fois donc, l'homme ne serait pas libre : les hasards heureux ou malheureux interviendraient suivant une logique précise, encore qu'inconnue, qu'on peut déplorer sans que ça n'y change rien.

Essentielle aux idées de bonne et de mauvaise étoile, la *répétition*. Si, en effet, Sullivan apparaît malchanceux, ce n'est pas tant parce qu'il a été frappé par la foudre, mais frappé *sept fois*. C'est la raison pour laquelle on entend souvent parler de la fameuse loi des Séries. Mais que signifie-t-elle, et est-elle véritablement ancrée dans les faits ? Un malheur n'arrive jamais seul : l'idée est très répandue, et connaît de nombreux avatars quotidiens, depuis les bus qui arrivent par deux, les feux qui sont toujours au rouge, jusqu'aux tartines qui tombent immanquablement sur la face beurrée. Il est pourtant important de ne pas se laisser abuser par le terme « loi », qui peut faussement laisser croire à quelque commandement de la réalité. Or, des deux explications rationnelles qu'a reçues cette loi des Séries, l'une montre que nous sommes au moins autant à blâmer que celle-ci. La première de ces explications ressortit à la logique. Dans le cas des bus qui arrivent par deux, par exemple, il est facile de montrer que ce n'est pas votre malchance qui vous le fait attendre exagérément longtemps pour le voir finalement arriver immédiatement suivi par un second.

C'est une simple question de raisonnement : même si les bus quittent exactement le dépôt à quinze minutes d'intervalle, le deuxième a une forte probabilité de rattraper le premier avant la fin de son parcours. Comment cela se fait-il ? Tout tient au flux des usagers aux arrêts. Car ils y arrivent de façon aléatoire, et il y a de fortes chances qu'à l'un d'eux au moins les passagers soient assez nombreux. Ils montent, paient ou scannent leur carte d'abonnement, ce qui fait prendre un peu de retard au bus. Pendant ce temps, les arrêts suivants se remplissent davantage, et son retard est donc condamné à augmenter. Dans le même temps, le second bus continue sa route, rattrapant inexorablement le premier : d'abord parce que celui-ci prend du retard, et ensuite parce qu'à ses arrêts, le second aura moins de passagers, et qu'il perdra donc moins de temps. Après tout donc, il semble que les chauffeurs de bus ne soient pas tous les êtres machiavéliques que vous vous figuriez (avouez-le).

La seconde explication est de nature psychologique, et est à nouveau une affaire de bon sens. Qui n'a pas pesté dans sa voiture contre les feux rouges, qui semblent toujours plus nombreux lorsqu'on a un rendez-vous important. À nous croire, quand on n'a rien de spécial à faire, la vie est rose et tous les feux sont verts. On sait pourtant pertinemment qu'il n'en est rien : que se passe-t-il donc ? Il se passe que dans le premier cas de figure, on est *pressé*. La voiture n'est donc plus un simple véhicule, mais le meilleur moyen d'aller le plus vite possible d'un point à un autre. Par conséquent, tout ce qui nous retardera prendra une signification particulièrement importante, et on le remarquera d'autant. Ainsi que le remarquent Eastaway et Wyndham, tout cela a aussi à voir avec notre mémoire, si souvent sélective. Car si l'on se souvient parfaitement du jour et de l'heure où l'on a, semble-t-il, été victime de coups du sort, on a beaucoup plus de mal à se remémorer les nombreuses fois où les feux étaient verts, où la tartine est tombée sur la face vierge, où le bus est arrivé pile à l'heure.

Ces exemples mettent l'accent sur la répétition à l'identique, la sérialité du même. Mais la croyance en une loi des Séries explique également que, culturellement, on se prépare souvent intérieurement à ce que quelque chose aille de travers plus tard dans la journée lorsque, dès le lever, on renverse un verre, on casse une chaise, ou qu'on se tord le poignet en se prenant le pied dans le tapis. Ici, les explications logique et psychologique semblent indissociablement liées. Au juste, tout tient au fait que de tels événements nous font nous *préparer* à la possibilité d'un enchaînement de petits malheurs ; à tout le moins, on ne sera pas surpris que ça arrive. Certains en prendront d'ailleurs prétexte pour avancer l'argument éculé que « ça confirme la règle ». Par conséquent, on a parfois essayé de justifier cette forme de répétition en avançant que l'individu s'y retrouve, qu'en somme il est bien content de voir passer son troisième petit aléa, qui, dans l'esprit de beaucoup, signe la fin des problèmes (« jamais deux sans trois », mais pas « jamais trois sans quatre »). Il y aurait en quelque sorte un phénomène d'attente de la part de l'individu.

Mais il faut également comprendre que, tout en m'y *préparant*, je cherche également à me *protéger* de ces aléas. Ce qui peut inconsciemment me conduire à altérer quelque peu la façon dont j'aborde habituellement les choses. Cela peut avoir un effet sur mes gestes, la perception de mon environnement direct, et d'autres infimes détails. En d'autres termes, je change mes automatismes, j'affecte la façon routinière que j'ai d'être dans l'espace, je suis plus conscient de mes réflexes, de mon corps – et la machine s'enraye. Autrement dit, le mal est dans le remède. Pour illustrer ce phénomène, on s'est servi de l'analogie avec le sport. Que ce soit au niveau olympique – Jonathan Edwards battant, par exemple, le record du monde du triple saut deux fois d'affilée à Göteborg – ou au niveau départemental, la recette du succès est la même : ne réfléchissez pas. La meilleure réalisation du geste sportif est celle qui se fait presque machinalement, qui conjugue le fait de se pousser aux limites aux milliers d'entraînements préalables. Dans ce cas comme dans d'autres, la cogitation, la ratiocination, la réflexion critique, ne sont pas de mise ; elles sont même l'ennemi de la fluidité, car elles perturbent l'équilibre acquis par le biais de l'expérience et de la pratique accumulées en amont. Elles agissent comme le grain de sable dans le rouage proverbial. Il en irait donc de même du quotidien : plus vous pensez à ce qui pourrait mal tourner, plus vous vous mettez de bâtons dans les roues.

Ce mécanisme se vérifie dans un contexte différent. Les études ont ainsi confirmé ce que le bon sens sait depuis longtemps : toute mauvaise nouvelle d'importance prédispose à la maladie ou à la dépression. En d'autres termes, elle favorise les contrecoups physiques ou psychologiques, les défenses immunitaires en prennent un coup, ainsi, éventuellement, que la résistance mentale. Or, en fonction des individus, ces contrecoups peuvent faciliter la mise en action d'un cercle vicieux, plus ou moins sérieux. Par exemple, vous perdez votre mère (ou père) et tombez malade. Antibiotiques et alcool. Allant au supermarché pour faire les courses, vous en venez aux mains avec un employé désagréable. Dans la pagaille, vous vous foulez le coude. Sur le chemin du retour, vous écrasez un chat noir et grillez par inadvertance un feu rouge. Un agent de la circulation présent vous arrête et dresse un procès-verbal. Résultat, plusieurs points et euros de moins, et un rendez-vous au tribunal. Arrivant finalement chez vous, vous trébuchez sur le palier et vous cassez une cheville. Votre fille (ou fils) entre à ce moment et ses questions vous insupportent, vous vous disputez avec lui et il claque la porte pour deux jours. La spirale de la malchance semble bel et bien en marche.

Dans votre cas, beaucoup s'estimeraient, en effet, bien mal lotis : « C'est la loi des Séries, pourraient-ils invoquer comme consolation, qu'ai-je fait pour mériter ça ? » Mais, de l'extérieur au moins, on voit bien que la loi en question est purement causale, et qu'elle n'a donc strictement rien d'ésotérique. Vous ne l'avez peut-être pas mérité, mais l'existence n'est pas connue pour sa sentimentalité. On récolte, en somme, ce qu'on sème. Il faudrait par conséquent en déduire que les notions de chance et de malchance reviennent à l'analyse erronée d'une situation donnée. Nul besoin de mettre les forces surnaturelles à contribution, la causalité, à la fois matérielle et psychologique, suffit à en rendre compte. Mais est-ce vraiment le cas ? Si oui, il serait intéressant de savoir pourquoi Sullivan a eu tant de succès avec l'orage : est-ce que, parce qu'il se serait pris pour Popeye toute sa vie, son taux de fer sanguin aurait été anormalement élevé ? Est-ce que, dès que le tonnerre résonnait, il aimait particulièrement courir sous la pluie avec un casque de l'armée française de 1870 ? On le voit, vouloir à toute force expliquer le hasard de façon causale peut conduire à des impasses. Après tout, le sang de notre ranger était probablement tout à fait normal, et il y a possiblement d'autres personnes au taux de fer sanguin plus élevé qui n'ont jamais pris plus qu'une décharge électrostatique de toute leur vie. Même si ce cas défie l'explication causale, à se fier aux probabilités, ces sept malheureuses rencontres avec Zeus ne sont pas de l'ordre de l'impossible. Sullivan n'est peut-être, au final, qu'un survivant méritoire du hasard : pas de pourquoi, juste quoi.

## Prendre la chance en main

> « La fortune ne nous fait ny bien ny mal : elle nous en offre seulement la matiere et la semence, laquelle nostre ame, plus puissante qu'elle, tourne et applique comme il luy plait, seule cause et maistresse de sa condition heureuse ou malheureuse. »
>
> MONTAIGNE

Analyser le fonctionnement de la loi des Séries sur laquelle repose grandement l'idée de chance/malchance est une chose, mais son implication a ceci de dérangeant que l'événement heureux/malheureux apparaît comme un donné, presque une fatalité. Or, tout comme la coïncidence, le hasard ne prend sa coloration positive/négative qu'en fonction de l'individu concerné. Autrement dit, selon le point de vue adopté, le même événement peut faire l'objet de différentes interprétations, et donner donc lieu à des suites distinctes. Si cette observation peut, à première vue, sembler sans grand intérêt, elle n'implique pourtant rien moins que ceci : bonheur ou malheur, c'est vous qui décidez.

Du fait du caractère sélectif de sa mémoire, on l'a vu, l'homme a tendance à ruminer les fois où le sort ne l'a pas gâté. Ce qui s'explique sans doute : il considère comme normal, presque comme un dû, que tout aille bien. Sur quoi commence ainsi *La Haine*, de Mathieu Kassovitz ? Sur ces mots : « Jusqu'ici, tout va bien ». Ce qui mérite l'attention du spectateur, ce qu'il est bon de raconter, c'est ce qui advient *ensuite*. De la vie du ranger Sullivan, on sait par conséquent qu'il a été frappé sept fois par la foudre, et on le plaint pour son malheur. Mais comment ne pas s'étonner peut-être plus encore que, sept fois, il ait *survécu* au tonnerre ? ça n'enlève, bien sûr, rien au fait qu'il ait été gravement brûlé, mais ça le met clairement en perspective. Par ailleurs, rien n'empêche de penser que, grâce à une de ses brûlures, il ait rencontré l'infirmière qui allait devenir sa femme, avec laquelle il allait avoir beaucoup d'enfants et vivre heureux le restant de ses jours. Ces hasards positifs attirent moins l'attention parce qu'ils sont en quelque sorte attendus. Mais voir en Sullivan un parangon du malheur, un martyr du mauvais sort, c'est probablement être fautif de myopie.

En résumé, l'argument de l'acharnement de la malchance omet de préciser que la chance aussi s'acharne, peut-être de façon moins visible, moins grandiloquente, mais qu'elle n'en est pas moins bel et bien présente. Pour revenir au sport, la plupart des entraîneurs de football dont l'équipe vient de perdre un match en frappant cinq fois sur les poteaux disent qu'ils n'ont pas eu de chance ; mais les entraîneurs sages se souviennent qu'il y a deux ou dix saisons, ils en avaient gagné un alors que l'équipe adverse avait tiré dix fois sur les montants... Moralité footballistique : donnez-leur une durée suffisante, et il y a de fortes chances que veine et déveine s'équilibrent.

Pour ceux qui ne se satisferaient pas de la sagesse des entraîneurs et qui persistent à croire que quelqu'un ou quelque chose complote réellement contre eux, certains psychologues ont étudié la question de près. Leur but n'était plus de prouver que la bonne étoile n'est pas accrochée à la Voie lactée, mais de montrer combien la chance dépend de l'*attitude* de chacun. En effet, si la malchance est une affaire de perspective, on peut se demander si un petit changement de celle-ci ne pourrait pas entraîner un grand changement de celle-là. En un mot comme en cent, ils ont cherché à déterminer comment devenir « chanceux ». Bien sûr, la formule prête à confusion. Des personnes plus ou moins bien intentionnées s'en servent pour faire croire aux crédules qu'elles détiennent la formule magique pour gagner au loto, pour toujours choisir les bonnes actions en Bourse, ou pour séduire les femmes. Derrière ces promesses, on trouve potions magiques, numérologie, boules de cristal, pseudo-sciences, ou encore cartomancie. Au contraire de beaucoup de ces démarches, les psychologues qui s'intéressent à la chance ne parlent pas d'influencer le cours des choses, d'agir sur l'extérieur. La chance est une affaire de *mentalité*. Donc, au lieu d'essayer vainement de faire tomber votre date de naissance au loto, ils tentent de travailler avec et sur vous afin de vous préparer à influer *vous-même* sur le monde dans le bon sens. Indirectement, ils peuvent vous faire rencontrer des gens qui vous aideront dans votre vie professionnelle ou votre futur(e) conjoint(e). Charlatanisme ? Que nenni.

Le bien nommé Dr Wiseman [11] a conduit une expérience consistant à étudier ce qu'il se passait lorsqu'on mettait deux personnes, l'une supposée chanceuse (Roy) et l'autre malchanceuse (Karen), dans une situation en tous points exacte. La situation en question tenait en un café, dans

11. En anglais, *wise man* veut dire « homme sage ».

lequel se trouvaient quatre tables, toutes occupées par une personne. L'une d'elles était un homme d'affaires « florissant », dans les mots de Wiseman. Sur le chemin menant au café, que les deux cobayes devaient emprunter, le docteur avait placé un billet de 5 livres. Roy passa en premier, ramassa le billet, entra, commanda une boisson, s'assit à côté de l'homme d'affaires, engagea la conversation, et un quart d'heure plus tard les deux hommes quittaient le café en discutant comme deux vieux amis. Lorsque Wiseman plaça un second billet par terre en préparation de la venue de Karen, il fut ramassé par une passante poussant un landau. Il eut juste le temps d'en replacer un autre avant que Karen n'arrive. Mais, pour commencer, elle marcha dessus sans le voir, entra, commanda une boisson, s'assit elle aussi à la table de l'homme d'affaires, mais ne lui adressa pas la parole, et s'en alla quelques minutes plus tard.

Pour Wiseman, cette petite expérience, ainsi que plusieurs autres, est révélatrice des différences fondamentales qui existent entre l'état d'esprit et la façon d'être des chanceux et des malchanceux. Sans m'étendre sur les détails, voici la liste des « quatre principes et douze sous-principes de la chance » que Wiseman livre dans son essai, et qu'on retrouve sous une forme ou une autre dans tous les livres de psychologie et de « développement personnel » consacrés à la question.

Premier principe : tirer le maximum des occasions fortuites

Sous-principes :

1. Les chanceux bâtissent et gardent un solide « réseau de chance » ;

2. Les chanceux ont une attitude détendue à l'égard de la vie ;

3. Les chanceux sont ouverts aux expériences nouvelles.

Deuxième principe : écouter son intuition

Sous-principes :

1. Les chanceux écoutent leur « voix intérieure » ;

2. Les chanceux prennent des mesures pour développer leur intuition.

Troisième principe : attendre la bonne fortune

Sous-principes :

1. Les chanceux s'attendent à ce que la chance continue à leur sourire ;

2. Les chanceux essaient de réaliser leurs objectifs, même si les probabilités d'y parvenir sont minces, et ils persévèrent devant l'échec ;

3. Les chanceux s'attendent à avoir des relations fructueuses et profitables avec les autres.

Quatrième principe : transformer le mauvais sort en bonne fortune

Sous-principes :

1. Les chanceux voient le bon côté de leur malchance ;

2. Les chanceux sont convaincus que tout mauvais coup du sort débouchera sur quelque chose de positif ;

3. Les chanceux ne ruminent pas leur mauvais sort ;

4. Les chanceux prennent des mesures constructives pour échapper à l'avenir au mauvais sort.

Ces caractéristiques une fois dégagées, Wiseman propose une série d'« exercices » destinés à développer ces tendances chez les gens qui s'estiment généralement malchanceux. Cette « école de la Chance », comme il l'appelle, aurait fourni les résultats moyens suivants : dans les six catégories du « Questionnaire indice de satisfaction de vie » (vie en général, vie en famille, vie privée, situation financière, santé, carrière), il y a toujours augmentation du score entre l'avant et l'après école de la Chance, en particulier dans les catégories vie de famille et vie privée. Le message à retirer de cette école est donc clair : la chance se *provoque*. Il existe des comportements porteurs, des attitudes facilitatrices. La chance n'est pas un donné, mais un *obtenu* ; elle n'est pas un en-soi, mais un pour-nous ; elle n'est pas ponctuelle, mais générale. Et, comme le montre le quatrième principe, elle ne protège en rien du malheur. Le chanceux aussi connaît des moments difficiles, la pièce ne tombe pas toujours du bon côté pour lui non plus. Mais il ne s'y enlise pas, il en prend note et va de l'avant. À nouveau, on récolte ce qu'on sème.

## 3 – AVEC FORTUNE BON CŒUR

Ce détour en psychologie nous aura appris au moins une chose : le hasard n'est pas uniquement porteur de mauvaises nouvelles. À côté des imprévus que sont les éboulements de terrain et autres cyclones – imprévus qu'on pourrait appeler « malchanceux » pour les individus concernés –, il existe des événements « chanceux », qui favorisent l'homme. Une troisième catégorie d'imprévus tient aux coïncidences, qui sont en quelque sorte la face neutre du couple évoqué à l'instant. L'étude de ces phénomènes a permis de confirmer certaines des acceptions que les dictionnaires généraux attribuent au hasard, mais en a également fait ressortir d'autres. En particulier, sa dépendance à la subjectivité. À la fois, la coïncidence et la (mal)chance sont fonction de l'individu qui en fait l'expérience. Dès lors, on comprend que si l'événement reste immuable, la façon dont il est perçu, elle, peut changer. C'est pourquoi l'homme peut choisir de le déplorer, et ainsi le subir, comme de l'accepter pour, en seconde main, s'en servir. Dans cette perspective, le hasard se révèle un allié potentiel de l'homme, *à condition de l'accepter*.

Mais le plus important dans ce chapitre revient peut-être à la mise en lumière du doute qui plane avec entêtement sur la validité de la notion. Le point commun aux explications historiques de la coïncidence, de la chance et de la malchance, que ce soit par les religions, les scientifiques ou les psychologues, est en effet de ne pas reconnaître au hasard d'existence propre : il tient à l'ignorance des causes. Autrement dit, le caractère inintelligible du hasard n'est qu'un fard, et il se résout dans la connaissance du fonctionnement du monde ou de l'esprit. Conséquence directe de ce parti pris, la position fragile de la liberté humaine, qui se révèle elle aussi illusoire. Faut-il donc tirer une fois pour toutes un trait sur le hasard ? Et n'a-t-il effectivement aucune réalité ? Par chance, les sciences se sont prononcées sur cette dernière question.

# Chapitre III

# Le hasard et les sciences

## Parturiente

Longtemps, les mathématiciens, physiciens, biologistes, mais aussi l'homme de la rue, ont vécu dans un monde hérité de Newton. L'univers était un mécanisme bien huilé : subtil mais logique, compliqué mais machinal, enfermé dans le cycle infini de la cause et de son effet. Voltaire, un des grands vulgarisateurs de Newton, parlait d'ailleurs d'Horloger quand il décrivait la divinité qui supervisait le Tout :

> L'univers m'embarrasse, et je ne puis songer
> Que cette horloge existe et n'ait point d'horloger.

Pourquoi Voltaire avait-il d'ailleurs jugé si important de vulgariser Newton ? Tout simplement parce que celui-ci avait percé les mystères de la Création. Ses lois, à tout prendre, n'étaient pas tant les siennes que celles du monde. Simon de Laplace et Auguste Comte sont probablement les intellectuels français qui illustrent le mieux l'esprit carré, confiant et conquérant de l'époque ouverte par le savant anglais. Comte par exemple, fondateur du positivisme, courant de pensée éminemment téléologique pour lequel la science est à même de tout expliquer et régir, déclara ainsi : « Pour la nouvelle philosophie, l'ordre constitue sans cesse la condition fondamentale du progrès ; et, réciproquement, le progrès devient le but nécessaire de l'ordre. » Il ne faut bien sûr pas leur en vouloir : on n'est jamais que l'enfant de son temps, et leur temps voyait les nuages se dissiper progressivement sur à peu près tout. Le grand midi de l'esprit rationnel était proche, l'heure était à l'optimisme débordant. Il restait quelques petits points à éclaircir, bien sûr, mais clairement ce n'était qu'une question de détail, et de temps. Lord Kelvin – connu pour le zéro absolu, la graduation Kelvin et, ironiquement (comme on va le voir), sa contribution à la seconde loi de la Thermodynamique – affirmait en 1892 : « La physique est définitivement constituée dans ses concepts fondamentaux ; tout ce qu'elle peut désormais apporter, c'est la détermination précise de quelques décimales supplémentaires. Il y a bien deux petits problèmes : celui du résultat négatif de l'expérience de Michelson et celui du corps noir, mais ils seront rapidement résolus et n'altèrent en rien notre confiance. » Du coup, Kelvin disait ouvertement à ses étudiants qu'il les plaignait de s'intéresser à la physique au moment même où presque plus rien de physique ne faisait question. Les sciences, voie de garage…

Mais, en plus d'être un grand scientifique, Kelvin était aussi un gaffeur. En 1895, à peine huit ans avant le vol du *Flyer* des frères Wright, il avait par exemple déclaré que « les machines volantes plus lourdes que l'air sont impossibles ». On lui doit également l'idée que « la radio n'a aucun avenir »… Cela dit, il ne pouvait pas plus se fourvoyer qu'en décrivant le corps noir et l'expérience de Michelson comme de « petits problèmes » – ou alors, il avait un faible suspect pour les euphémismes. Sans trop rentrer dans les détails, ces deux nuages à l'horizon physique allaient donner naissance à la théorie de la Relativité et à la mécanique quantique, autrement dit, deux des découvertes les plus révolutionnaires du XXe siècle : ce sont elles, en effet, qui ont fait voler en éclat la vision mécaniste d'un univers parfaitement ordonné, purement et simplement causal. On peut donc énoncer la chose ainsi : *sans les sciences, le hasard n'existerait pas.* Étrange ironie de l'histoire : le mot « science » vient en effet du verbe latin *scire*, qui signifie « savoir »… Qu'est-ce que ce hasard né dans le giron du progrès ? Et doit-on s'alarmer de cette naissance impromptue ?

## Les mathématiques

Quelle était la pierre angulaire de la confiance quasiment aveugle de l'homme dans l'idée que le monde se comportait logiquement ? Les mathématiques. Les mathématiques, une langue à part couramment parlée par une minorité de personnes, permettent en effet de tout expliquer : la chute d'un corps, le bleu du ciel, les icebergs, les arcs-boutants de Notre-Dame, la myopie, la taille de la Terre, la bissectrice d'un angle, ou encore l'âge du capitaine. Bref, si notre monde est solide, c'est parce qu'il repose sur les mathématiques – c'est-à-dire qu'il a des bases « mathématiques » que les mathématiciens sont à même de comprendre. On sait, par exemple, que la « divine proportion » (phi ≈ 1,61803...) se retrouve dans la disposition des pétales de rose et des graines de tournesol, les coquilles en spirale des crustacés, les ouïes des stradivarius, ou encore l'écart entre l'œil, la nageoire et la queue du dauphin. Pi (3,14159...) a également du succès, comme le prouvent ces faits étonnants : $pi^2$ x diamètre de ses pattes au sol = la taille pied-épaule d'un éléphant ; le rapport entre la longueur d'une rivière et la distance à vol d'oiseau entre sa source et son embouchure égale, ou égalerait, pi ; enfin, nous a montré Buffon, si vous laissez tomber une aiguille de longueur $L$ sur un parquet à lattes de largeur $l$, la probabilité que l'aiguille intersecte le bord d'une latte est égale à 1 sur pi...

Pi, phi et bien d'autres nombres ont cette étrange particularité de ne pas être que des nombres, des constructions symboliques, mais de refléter certains aspects de notre environnement. Les pythagoriciens en étaient tellement convaincus que, pour eux, les nombres étaient le dernier mot du monde. En d'autres termes, les mathématiques expriment des vérités : l'intellect crée des entités abstraites reflétées, corroborées par le monde. Donc 2 + 2 = 4, et deux droites parallèles ne se rencontreront jamais. C'est en tout cas ce qu'on a longtemps cru. Mais le XIXe siècle a montré que le cadre de référence adopté par Euclide, le père de la géométrie, n'était pas unique, c'est-à-dire qu'il était possible d'imaginer et d'exprimer, sous forme mathématique, des géométries dans lesquelles deux droites réellement parallèles s'intersectent tout aussi réellement. D'où leur nom générique de géométries « non euclidiennes ».

Ces géométries sont tout aussi logiques que celle d'Euclide, et donc légitimes, mais dans un sens, on peut voir en elles le début d'une crise : celle des bases, de l'assise de la certitude, de la parfaite solidité de la vérité. En effet, bien que le XIXe siècle ait été un des grands siècles de l'*hubris* de la raison, il a parallèlement assisté aux prémices du lent délitement des « grands récits » finalisé au siècle suivant : le pouvoir royal et ses implications avaient essuyé un terrible revers avec la Révolution française ; la religion et Dieu commençaient à être ouvertement questionnés... Dans ce climat, il n'est pas surprenant que les mathématiciens aient voulu éviter de voir leur discipline, qui est aussi et surtout une vision du monde, se faire emporter par la marée.

Jusque-là, personne ne s'était vraiment demandé si les mathématiques étaient « consistantes », c'est-à-dire si elles étaient logiques *parfaitement*. Jusque-là, elles avaient très bien fonctionné, permettaient d'obtenir des descriptions fidèles des phénomènes et, mieux encore, rendaient possible une discussion interne de questions qui leur étaient propres, qui n'avaient aucun équivalent et aucun intérêt direct pour le monde extérieur. Par exemple, on pouvait s'amuser, comme Pythagore, à trouver tous les entiers qui vérifiaient l'équation $x^2 + y^2 = z^2$ (comme $3^2 + 4^2 = 5^2$). Pourtant, voyant toutes les certitudes malmenées de tous côtés, les logiciens du XIXe siècle éprouvèrent le besoin de vérifier que leur langue reposait sur des fondations inébranlables. En pratique, cela signifie qu'ils passèrent au crible du raisonnement logique tous les aspects des mathématiques qui avaient jusque-là été acceptés comme vrais, sans que personne n'ait jamais pris la peine de montrer que c'était effectivement le cas. Si une chose n'est pas vraie, n'est-ce pas, elle peut très bien être fausse... Imaginez, par exemple, qu'il existe des nombres échappant à la loi de trichotomie, c'est-à-dire des nombres qui ne soient ni positifs, ni négatifs, ni zéro. Étant donné qu'un bon nombre de démonstrations reposent sur cet acquis, découvrir que ce n'est pas le cas pourrait être très, très gênant. Heureusement (rassurez-vous), il a été prouvé que la loi de trichotomie est bel et bien vraie.

David Hilbert, Gottlob Frege et Bertrand Russell, parmi les plus importants, se mirent donc en tête à la fin du

XIXe siècle de prouver l'intégralité des mathématiques à partir de leurs axiomes, c'est-à-dire les sept assomptions fondamentales qui ne peuvent, elles, être prouvées – comme le fait que $h + p = p + h$, ou qu'un cheval multiplié par 1 donne toujours un cheval ($a \times 1 = a$). La démarche était simple, et consistait à remonter de ces axiomes pour asseoir l'édifice entier sur des bases à l'épreuve de toutes les catastrophes du monde. Au juste, l'entreprise n'était vue que comme un exercice de confirmation : Hilbert expliquait ainsi qu'elle montrerait 1) que les mathématiques pouvaient répondre, en théorie, à toute question (complétude), et 2) qu'elles ne se mordraient jamais la queue (consistance), c'est-à-dire qu'elles ne se contrediraient pas – s'il est prouvé qu'un résultat est juste, on ne peut pas aussi prouver qu'il est faux. Il en était tellement convaincu que sa tombe porte d'ailleurs cette épitaphe :

> Nous devons savoir,
> Nous saurons.

Frege travailla des années au « programme Hilbert », apportant plusieurs pierres d'importance à l'ouvrage, en particulier sa définition de ce qu'est un nombre. En 1902, la somme de tous ses efforts, et un événement dans le milieu scientifique, *Les Lois fondamentales de l'arithmétique*, parut. Après une lecture enthousiasmée, le lecteur attentif pouvait remarquer, cela dit, cette étrange petite note à la fin du deuxième tome : « Un scientifique ne peut guère être confronté à rien de plus indésirable que de voir les fondations de son travail céder au moment même où celui-ci s'achève. C'est dans cette position que je me suis trouvé à la suite d'une lettre de M. Bertrand Russell, alors que l'ouvrage était presque sous presse. »

*Was* ? *Warum* ? Que contenait cette mystérieuse lettre de Russell ? Elle faisait état d'une contradiction interne aux axiomes eux-mêmes, rien de moins. En effet, Russell, qui travaillait également de son côté au programme Hilbert, avait remarqué un paradoxe dans la définition des nombres de Frege. Cette définition reposait sur la définition préalable de la « classe » dudit nombre. Autrement dit, pour définir « 4 », Frege avait créé la classe des 4, dans laquelle s'incorporait tout ce qui correspondait à quatre unités, ou avait la caractéristique de « quatritude » : les côtés d'un carré, les pattes d'un chameau, les rois d'un jeu de cartes, les roues d'une charrette, les points cardinaux, etc. Tout ce qui relève de la « quatritude » doit donc être compris dans la classe des 4 – voilà comment définir un nombre. Une tempête dans un verre d'eau ? Peut-être pour vous et moi, mais en termes de logique, le raisonnement (légèrement plus complexe…) répondait parfaitement aux exigences de l'entreprise. Cela dit, en prenant connaissance de cette démonstration, Russell fut frappé par le fait suivant : « Il me sembla qu'une classe est parfois, et parfois n'est pas, un membre d'elle-même. »

L'illustration la plus connue de ce paradoxe est celle du bibliothécaire le plus scrupuleux de l'histoire : découvrant un jour dans les rayons de sa bibliothèque une série de catalogues, chacun consacré à un genre différent (roman, poésie, philosophie, agriculture, etc.), il constate que certains font référence à eux-mêmes, d'autres pas. Par esprit de simplification, il décide de créer deux « super-catalogues », l'un qui fait état des catalogues qui s'incluent, et l'autre qui établit la liste de ceux qui s'excluent. Quand il a fini, notre libraire se gratte la tête : le catalogue des catalogues qui ne s'incluent pas doit-il lui-même s'inclure ? Si l'on répond par l'affirmative, alors logiquement il ne doit pas s'inclure. Mais à l'inverse, si l'on répond par la négative, alors il doit nécessairement se citer... Le cas de ce libraire peut paraître trivial, mais dans la perspective des mathématiciens, il eut à peu près l'effet d'un impact Lune-Terre pour nous, car le même paradoxe s'appliquait aux classes de Frege. En dernière analyse, et pour couper court, ce que Russell mit en évidence était que toute démonstration à partir des axiomes mathématiques, les « atomes » de la discipline (au sens étymologique d'*atomos*, « qu'on ne peut pas couper »), peut aboutir à une absurdité, à une contradiction. Sans être un grand génie, on voit par là qu'il n'y a qu'un pas à faire pour montrer qu'un axiome est *faux*. D'où l'embarras causé par Russell et son paradoxe.

Embarras d'ailleurs avant tout ressenti par Russell lui-même, puisque lui aussi voulait établir une bonne fois pour toutes le caractère fondamentalement logique et consistant des mathématiques. C'est la raison pour laquelle il consacra la décennie suivante à tâcher de surmonter son paradoxe. Et il y parvint : en 1910, il co-publia avec Alfred Whitehead le premier des trois tomes des *Principia mathematica*. Ouf ! Du coup, quand Hilbert prit sa retraite en 1930, les mathématiques avaient regagné leur lustre, leurs lettres de noblesse, leur caractère colossal et inébranlable, et le grand homme pouvait mourir tranquille, sans avoir peur qu'on se gausse de son épitaphe. Malheureusement, un an plus tard, un jeune Autrichien hypocondriaque publiait un article intitulé : *Sur l'indécidabilité formelle des* Principia mathematica *et des systèmes apparentés*. Kurt Gödel commit le crime de lèse-majesté par excellence, puisqu'il montra *une fois pour toutes* que tous les efforts consentis pour reboucher les brèches ouvertes par le paradoxe de Russell dans la coque du navire « mathématiques » étaient parfaitement vains. En fait, le navire ne prenait pas l'eau, il avait coulé depuis le début, ou plutôt il n'avait jamais même ne serait-ce que flotté ! Cet article exposait le fameux théorème de l'incomplétude. Ou plutôt les deux théorèmes de l'incomplétude, puisqu'il est double : la première partie montre indubitablement que « tout système axiomatique formel contient des propositions indécidables », et la seconde explique que « la consistance logique d'un système mathématique ne peut pas être démontrée à l'intérieur de ce système, mais seulement en ayant recours à un système supérieur et plus puissant. »

Il est vrai que pour le commun des mortels, la mauvaise nouvelle de Gödel n'a pas grand-chose de dérangeant : je peux encore calculer la longueur d'un des côtés d'un triangle rectangle si je connais la longueur des deux autres (théorème de Pythagore), et mes rentrées et dépenses, à ce que me dit mon banquier, ne s'équilibrent malheureusement toujours pas (dilemme de celui qui ne roule pas sur l'or). Même si les mathématiques reposent sur des bases qu'on ne peut pas prouver comme vraies, elles fonctionnent, donc peu importe. Cela dit, ce que l'incomplétude de Gödel a d'intéressant dans la perspective de cet essai, c'est qu'elle fragilise la certitude. Si elle n'est pas liée directement au hasard, il est clair que celui-ci gravite soudain plus à proximité du monolithe mathématique. L'absence de preuve finale laisse la porte ouverte à d'autres versions, fait planer l'inquiétante silhouette de l'erreur primordiale : Gödel a montré qu'on ne pouvait être sûr et certain de rien en mathématiques.

## La physique

Mais de quoi peut-on être sûr et certain au juste ? En effet, cette fissure dans la certitude mathématique trouve des échos en physique, et plus précisément en mécanique quantique : par exemple, comment déterminer la position et la vitesse d'un électron ? Rien de bien sorcier il semblerait, à condition bien sûr de disposer des instruments de mesure adéquats. Erreur... La difficulté de cette question tient au fait que la mesure implique une *interaction*. Si je vois la voiture qui passe à côté de moi et ce qui l'entoure, c'est grâce à la lumière. Celle-ci interagit avec les objets, elle rebondit sur eux, et me permet d'en avoir connaissance. Le même mécanisme s'applique à l'électron : pour pouvoir « l'observer », il faut interagir avec lui, c'est-à-dire lui envoyer des quanta d'énergie. Et c'est là où le bât blesse, car étant donné la très faible masse de l'électron, toute interaction avec une autre particule va avoir une conséquence sur sa vitesse et sa position. Le physicien Werner Heisenberg a ainsi démontré l'impossibilité d'une connaissance précise à la fois de la vitesse et de la position d'une particule quantique dans son théorème dit d'Incertitude. Pour être plus précis, Heisenberg a expliqué que plus on affine la mesure de la position de cette particule, moins on en saura sur sa vitesse, et vice-versa.

Mais cette incertitude de la connaissance n'est qu'un premier avatar du hasard en physique. Avec Heisenberg, l'observateur est la cause du problème : sans lui et son questionnement, l'incertitude n'existe pas. D'un certain côté, on pourrait se raccrocher à l'idée que, si les mathématiques ne sont pas logiquement parfaites, et si notre envie de savoir peut créer ses propres apories, la réalité et le monde, au moins, sont eux des valeurs sûres, sûres et solides, à l'abri de tout assaut du hasard. Mauvaise pioche... Aussi étrange que cela puisse paraître, dans leur course à l'épuisement causal du domaine matériel, les scientifiques du XXe siècle ont en effet montré que le monde physique, ce qui nous entoure, *tout* ce qui nous entoure, est en partie soumis à l'*acausalité*.

Au juste, ce hasard inhérent au monde physique, on ne le voit pas ; on ne peut même, dans la vie de tous les jours, en faire aucune expérience. À moins de jeter de minuscules grains de pollen sur de l'eau et d'observer au microscope ce qui se passe – ce qui est rare. Mais un certain Robert Brown, biologiste de son état, s'est amusé à faire l'expérience en 1827. Et il a remarqué que, en dépit de l'absence de tout courant et de tout phénomène d'évaporation, la particule se déplaçait, de façon parfaitement aléatoire qui plus est. L'épistémologie de l'époque, pressée d'écarter les exceptions aux lois qui étaient alors en train d'être taillées dans la pierre, expliqua plus ou moins lâchement ce mouvement, devenu par la suite le « mouvement brownien », en faisant appel à une force vitale propre à cette particule, et la découverte de Brown tomba aux oubliettes.

Pour en mesurer les implications, il faudra attendre 1905, la fameuse *annus mirabilis* d'Einstein. Au début du siècle – comme au juste depuis Démocrite – l'atome était encore loin de faire l'unanimité chez les scientifiques. Lentement mais sûrement, les indices se multipliaient[1], mais l'*establishment* rechignait toujours, en partie parce que les moyens techniques de l'époque ne permettaient pas de l'observer. Le génie d'Einstein consista ici à sortir le mouvement brownien d'un vieux placard oublié et à s'en servir pour prouver, justement, l'existence des atomes. En d'autres mots, il fournit une explication « atomiste » du mouvement aléatoire des particules. En quoi consiste-t-elle ? À dire que la particule de pollen est bombardée par des molécules d'eau... Si cette particule est de la taille d'une tête d'épingle, la chose n'a pas d'incidence, car, à cette échelle, la différence entre le grain et les atomes est si grande que l'impact des atomes sur la particule n'a pas d'effet sur son mouvement : en effet, ces collisions ont lieu de tous les côtés, ce qui fait que leurs actions sur la particule s'annulent réciproquement. Par contre, si le grain de pollen est suffisamment petit, il y a de fortes chances

1. Apports à mettre sur le compte, entre autres, de Robert Boyle (1627-1691), Daniel Bernoulli (1700-1782), Louis-Joseph Proust (1754-1826), John Dalton (1766-1844)...

que les collisions n'aient pas lieu également de tous les côtés en même temps, d'où un déplacement imprévisible.

Le mouvement brownien a donc une cause : les atomes qui heurtent la particule. Ceci étant, il est impossible de déterminer de quelle direction viendront les atomes qui s'y cogneront, et il est par conséquent tout aussi impossible de prévoir le trajet pris par le grain sur une période donnée. Autrement dit, le mouvement brownien est *aléatoire*. Cette explication du mouvement brownien rappellera peut-être aux personnes observatrices, ou concernées, la marche d'un ivrogne : comme lui, la particule va à droite, à gauche, en avant, en arrière, et ainsi de suite, sans qu'on puisse prévoir où son pas suivant la conduira. On parle donc aussi bien de « marche aléatoire », « à l'aveugle » ou encore « au hasard », que de « marche de l'ivrogne ». Ce qui rend ce phénomène particulièrement intéressant est le fait que chaque nouvelle étape est indépendante de la précédente. On dit qu'elles sont *décorrélées*. Autrement dit, le hasard est *indépendant du temps* : vous pouvez bien connaître tous les déplacements effectués par le grain de pollen entre hier et aujourd'hui à 15 h 32 min 57 s, ça ne vous aidera en rien pour deviner son déplacement suivant. Dans le hasard, le passé et le présent n'influencent en rien l'avenir.

Le hasard se manifeste également sous une deuxième forme dans l'atome. L'idée de l'atome qui nous a été inculquée à l'école est héritée de Niels Bohr qui, en 1913, l'a décrit comme un noyau autour duquel gravitent des électrons. La concession à la pédagogie est évidente, mais gardons ce modèle « planétaire », comme nos chers maîtres, pour plus de clarté. Chaque électron y occupe une orbite

« autorisée » autour du noyau, comme la Terre ou Vénus autour du Soleil. La Terre et Vénus restent sur leurs orbites respectives (heureusement, sinon on vivrait en instance de carbonisation quasi instantanée), mais pas les électrons qui peuvent, eux, changer d'orbite sans prévenir, et sans raison. C'est le saut quantique – ou *quantum leap* en anglais, qui a donné son titre à une célèbre série télévisée.

Le plus étonnant dans ce saut, en dehors de son absence de raison, c'est que le déplacement de l'orbite A à l'orbite B n'est, en fait, pas un déplacement *stricto sensu*. Car l'électron ne passe par *aucun point* existant entre A et B : il se déplace sans bouger ! Ce type de phénomène a un nom assez courant dans nos esprits : la téléportation. La science-fiction et l'anticipation y ont souvent recours, Captain Kirk entre autres. Toutefois, ici, la fracture entre fiction et réalité n'est peut-être pas aussi irrémédiable qu'on le pense. L'époque où vous pourrez appuyer sur un bouton chez vous et vous retrouver dans une salle du MoMA ou sur une plage de Cuba est peut-être encore éloignée de plusieurs années-lumières, mais, en 2004, des scientifiques sont tout de même parvenus à téléporter… un atome. D'accord, pour vous et moi, c'est une petite téléportation, mais c'en est (peut-être) une grande pour l'humanité. Pour être plus précis, le transfert en question concernait certaines propriétés physiques de l'atome (comme son énergie, son mouvement ou son champ magnétique), qui sont instantanément passées d'un atome Y à un atome Z séparés de quelque 600 mètres, et ce, sans même parcourir un millimètre.

Il existe enfin un troisième avatar du hasard dans le règne de l'infiniment petit. *Rien n'est éternel,* dit l'adage : si la chose est vraie des hommes, elle l'est aussi des atomes, même si c'est de manière très différente. Aujourd'hui, l'espérance de vie moyenne à l'échelle planétaire est de 65 ans. Cette donnée est le résultat d'un calcul complexe prenant en compte les âges moyens de tous les pays du monde. Mais en voyant ce chiffre, 65 ans, un touriste martien pourrait penser que les terriens vivent jusqu'à 224 ans – ce qui est très possible, en théorie : il suffit pour ça qu'une grosse proportion de la population meure très jeune. En pratique, ce n'est pas le cas, car au-delà d'une certaine durée nos os, nos articulations, notre cœur, et, plus important, nos neurones, commencent à battre de l'aile. *Physiquement,* notre espérance de vie est limitée. Chez les atomes, il en va autrement. Un atome peut en effet « vivre » douze heures, deux semaines, vingt-huit mois, comme il peut n'expirer qu'à cent mille ans bien tassés. Le dernier soupir d'un atome est, là aussi, imprévisible. Rien ne le prédispose en particulier à une mort précoce, rien au grand âge. Les atomes meurent sans raison.

## La cybernétique

> « Le hasard ne conçoit pas, n'ajuste pas, n'organise pas. Le hasard ne fait que de la bouillie. »
>
> René Barjavel

L'information est, avec la mécanique quantique, un autre domaine clef du XX^e^ siècle ; non pas tant le fait qu'on fasse partie d'un « village global » dans lequel la nouvelle de l'adoption d'un enfant africain par Madonna ou de l'ongle cassé en se grattant le crâne par « Dubya » Bush se diffuse comme une traînée de poudre, mais que, pour en arriver là, il ait fallu aborder la question de la communication d'information de manière scientifique. Le premier résultat en fut la théorie de l'Information, qui revient à Claude Shannon et remonte à 1948.

Le but de l'information est, comme son nom l'indique, d'*informer*, c'est-à-dire de nous apprendre des choses nouvelles dans des limites imposées de place (supports matériels divers) et de temps (supports électroniques, télégraphe, laser, radio, etc.). L'apport de Shannon est significatif, car il a lieu à un moment où le papier perd sa prédominance et où la transmission d'information « immatérielle » se doit d'être de plus en plus *efficace* pour faire face à son explosion. Tout moyen de communication jouit d'une certaine capacité de transmission d'information, exprimée en *bit* (contraction de l'anglais *binary digits*, « chiffres binaires »). Un bit correspond au nombre de symboles binaires (reposant sur 1 et 0) que la ligne peut tolérer par seconde. Comment donc augmenter la quantité d'information transmise ? Admettons qu'il faille envoyer la suite binaire suivante :

101010101010101010101010101010101010101010101010101010

Elle contient 54 signes, et si votre ligne tolère 10 signes par seconde, il vous faudra 5,4 secondes pour transmettre l'intégralité du message. Cela dit, votre message est *redondant*, c'est-à-dire qu'il se répète : il consiste en 27 fois le couple 10. Pour améliorer le rendement de la ligne, il est donc logique d'essayer de *comprimer* ce message, par exemple en l'écrivant sous la forme « 27 fois 10 ». Résultat : votre message est beaucoup plus court, et le temps nécessaire à sa transmission significativement réduit, alors même que l'information communiquée *reste strictement la même*. Il n'y a aucune perte d'information, mais il y a gain de temps.

L'information se définit donc comme une mesure du « hasard », en tout cas de l'aléatoire. Le message initial, c'est-à-dire 10 répété 27 fois, est particulièrement répétitif et, par conséquent, on sait que le couple qui viendra après le troisième « 10 » sera également « 10 ». Ce message est parfaitement ordonné, et son ratio information–longueur est par là même très faible. Moralité : *plus le désordre d'un message est grand, plus sa quantité d'information est élevée*. Ce qui, associé à l'idée de compression, implique le fait suivant : le message avec l'information maximale est celui qui ne peut être transmis autrement que par lui-même.

Une des applications de la théorie de l'Information concerne la cryptologie. On a vu qu'il était possible de comprimer un message, sans rien changer à son contenu : améliorer l'efficacité d'une ligne consiste à trouver le moyen de réduire la taille du message, de trouver sa redondance et de la supprimer. En d'autres termes, il s'agit de découvrir la « clef » permettant de se débarrasser des répétitions. Quand le message est une suite de 27 paires de 10, la clef est simple ; mais quelle est celle de cette suite ?

1, 1, 2, 3, 5, 8, 13, 21, 34, 55, 89, 144, 233, 377, 610, 987, 1597, 2584, 4181, 6765, 10946, 17711, 28657…

Si vous ne parvenez pas à voir la logique inhérente à cette série infinie, vous allez devoir la transmettre telle quelle, ce qui est infiniment long. Par contre, si vous comprenez qu'elle repose sur l'addition de chaque chiffre avec celui qui le précède, vous allez gagner un temps infini. Mieux encore, cela dit, consiste à communiquer le nom que porte cette suite, à savoir « suite de Fibonacci ». On comprend donc l'importance du hasard, ou plutôt du faux hasard, quand il s'agit de communiquer des informations secrètes. Le meilleur code est, en théorie, simple comme bonjour : c'est un code dont l'ennemi ou le *hacker* ne peut découvrir la clef. Il est parfaitement logique une fois qu'on sait par où « l'attaquer » (votre banque ou vous dans le cas d'un compte bancaire Internet par exemple), mais pour les autres il est normalement incompressible, il ne peut être réduit à autre chose qu'à lui-même.

En pratique, néanmoins, étant donné que tout code repose sur une clef précise et logique, l'ennemi ou le *hacker*, pourvu qu'il dispose de moyens suffisants et/ou de beaucoup de temps, va finir par le déchiffrer. On peut, par exemple, penser à la fameuse Enigma allemande, dont Alan Turing parvint à comprendre le fonctionnement, ou encore aux hiéroglyphes égyptiens, « craqués » par Champollion. Une solution est cependant envisageable, et elle est d'autant plus intéressante qu'elle implique l'objet de ce livre, c'est-à-dire le hasard. Le problème principal des codes jusqu'ici est leur dépendance à la logique : toute logique laissant des traces, il est possible de la reconstituer. C'est un peu comme une enquête de police : on part de l'incompréhensible, on cherche des indices, on les accumule et, peu à peu, on arrive à dénouer l'enchaînement des faits jusqu'à élucider dans ses moindres détails le mystère. Pour parer à cette pierre d'achoppement, il paraît sensé d'avoir recours à l'anti-logique, l'aléatoire, puisque alors la clef elle-même ne fait plus sens. C'est la raison précise pour laquelle informaticiens et mathématiciens se penchent depuis plusieurs années sur des programmes générant des suites de chiffres aléatoires susceptibles d'être utilisées par les banques, ministères, agences secrètes, sites commerciaux (Amazon, Carrefour, Fnac...) et toute autre société manipulant des informations confidentielles.

Ceci dit, là encore tout n'est pas aussi simple qu'on le penserait au premier abord. Il faut en effet comprendre une chose : un ordinateur et un programme, même impliqués dans la fabrication d'un nombre aléatoire, sont des systèmes déterministes fonctionnant à partir d'algorithmes. Autrement dit, la fabrication d'aléatoire est faite de façon déterministe et systématique – belle contradiction. Ce qui, à long terme, va de nouveau laisser des traces, et ainsi permettre au décodeur d'obtenir un premier indice. Preuve, s'il en était encore besoin, que le hasard ne dépend pas de l'homme, qu'ils sont tous les deux étrangers au sens le plus fort : jamais un coup de dés n'abolira le hasard, peut-être, mais ajoutons que jamais un homme ne *créera* du hasard.

Tout au plus, et c'est la direction prise aujourd'hui par les cryptologues à la recherche d'invincibilité, peut-on l'*enregistrer*. Si l'homme ne peut pas, de par sa nature même, créer de générateur de véritable hasard (seulement du pseudo-aléatoire, du pseudo-hasard), il dispose par contre d'un accès à des phénomènes qui sont, eux, parfaitement aléatoires : le saut quantique ou le mouvement brownien, par exemple. Par ailleurs, certains cryptographes se prennent à rêver d'un code fonctionnant lui-même sur des bases quantiques. L'idée de base consiste, en deux mots, à utiliser le principe d'incertitude d'Heisenberg pour encoder un message [2]. Si la cryptographie quantique s'avérait finalement pratique et économiqucment viable, elle figurerait l'arme ultime en matière d'encodage : aucun « déchiffreur quantique » ne serait en mesure de la casser ; elle empêcherait le *hacker* ne serait-ce que de *lire* le message codé, sans parler de le briser ; enfin, elle permettrait également à l'expéditeur et au destinataire de savoir si quelqu'un a intercepté leur message encodé !

Ce qui me permet de finir en disant (de façon non quantique, rassurez-vous) :

fhecdye qmaqtur nbcfjew guzdxca [3]

2. Je renvoie par exemple les curieux à la belle *Histoire des codes secrets* de Simon Singh, JC Lattès, 1999.

3. Conclusion, comme on le voit, encodée.

## La biologie

### *Évolution, évolution, évolution*

Le dernier grand domaine scientifique à avoir particulièrement bénéficié des avancées du savoir humain est la biologie. Or, il n'existe nul miracle du biologique : ici aussi le progrès a mis en lumière l'existence déroutante du hasard, et ce à bien des niveaux. Étymologiquement « science de la vie », la biologie doit le bond qu'elle a fait dans la compréhension de son objet d'étude aux recherches de Darwin, et en particulier à sa théorie de l'Évolution : n'en déplaise aux chrétiens en porte-à-faux avec la science, il semble bel et bien que l'homme ne soit pas fait d'argile, et que tout ne soit pas apparu en six jours. La vie terrestre, c'est comme le bon vin, il lui faut du temps.

D'abord, notre Terre est née fortuitement des suites du big-bang, lui-même événement imprévisible et aujourd'hui encore inexpliqué. Au début assez inhospitalière, puisqu'il y faisait 60 °C en moyenne et qu'il n'y avait pas de trace d'oxygène (pour 98 % de gaz carbonique !), elle est peu à peu devenue plus accueillante, ce qui a permis la création d'eau, qui à son tour a permis l'apparition, dans la « soupe primitive », des premiers constituants chimiques de la matière vivante. Les dinosaures, eux, ne sont apparus qu'il y a environ 100 millions d'années, et l'homme, pauvre retardataire, 93 millions d'années plus tard (il y a donc 7 millions d'années). Pour se faire une petite idée des échelles de temps dont on parle, il suffit de traduire ces indications en distance : si le big-bang se trouve à 300 km de nous, la Terre se forme à 90 km, la vie apparaît à 70 km, les dinosaures à 2 km, nous à 140 m, et 2007 à 4 mm et quelques.

Au commencement de la vie était donc Luca (Last universal common ancestor [4]), le dernier ancêtre commun à tout le domaine du vivant. Luca était lui-même le résultat d'un gigantesque enchaînement de réactions chimiques survenues en amont, qui avaient rendu progressivement possible la prolifération des formes les plus primitives. À partir de lui ont évolué les bactéries, les eucaryotes, puis les êtres pluricellulaires qui ont par la suite donné les plantes et les animaux. Il y a donc eu, tout au long de l'histoire de la Terre, une formidable complexification des données primordiales. Complexification qui a, d'ailleurs, toujours cours à l'heure actuelle : les êtres vivants sont en constante évolution, à la fois sous l'effet de transformations internes et externes.

Historiquement, deux grandes théories scientifiques contraires ont cherché à expliquer ces réajustements : Lamarck suggéra que l'évolution reposait sur l'acquisition de nouvelles caractéristiques (si le cou de la girafe est long, c'est parce que des générations de girafes l'ont tendu pour manger). De son côté, Darwin élabora l'idée d'une évolution qui procéderait par élimination, en favorisant les « plus forts ». Selon lui, si la girafe a un long cou, c'est parce que celles qui n'avaient pas cette chance n'ont pas survécu. Attention toutefois : Darwin ne dit pas que les girafes au cou

4. Luca est un concept de Patrick Forterre.

long ont, un beau jour, décidé d'exterminer les autres. Simplement, sur un territoire dont les rares arbres ont les feuilles élevées, les herbivores qui ne peuvent pas y accéder meurent rapidement, et ne reste pour la reproduction qu'un type spécifique de girafes. Résultat, les caractéristiques génétiques qui passent d'une génération à l'autre sont celles des girafes au long cou. Même si une version revisitée du Lamarckisme est aujourd'hui défendue par certains scientifiques, c'est bien sûr celle de Darwin qui domine. Et elle permet d'expliquer à peu près tout : par exemple, la loi biogénétique de Haeckel, qui montre la troublante ressemblance des embryons de poisson, de batracien, de reptile, d'oiseau, de mammifère et d'homme ; les couleurs souvent vives des mâles et les couleurs souvent ternes des femelles ; la petite taille des yeux des dauphins de rivière, comparés à ceux des mers ; la présence de l'appendice chez l'homme, ou de petites jambes vestigiales à l'intérieur des baleines [5].

Mais, c'est vrai, dans son état actuel, la théorie de l'Évolution n'explique pas tout. Des missionnaires à peine déguisés ont profité de ces lacunes pour mettre en place ce qu'on nomme l'*Intelligent Design*. L'argument central de cette doctrine est le suivant : puisque certains éléments ne peuvent pas être expliqués par la théorie de l'Évolution, il faut accepter l'existence de Dieu. L'œil, par exemple, est souvent évoqué par les partisans de l'ID, car il est d'une telle complexité que, pour eux, les mécanismes de l'évolution

5. L'appendice se retrouve chez certains herbivores qui s'en servent pour la rumination. Les pattes des baleines renvoient à une époque où les ancêtres de celles-ci marchaient vraisemblablement sur terre.

sont incapables d'en rendre compte. À leur décharge, il est vrai que l'œil est extrêmement complexe. Mais 1) la science évolue, et seul le futur dira si la complexité oculaire est ou non explicable en termes d'évolution darwinienne, 2) l'intelligence derrière le design de l'œil est difficile à discerner, et 3) si Dieu est si Parfait, pourquoi existe-t-il autant d'yeux plus complexes et évolués que ceux de l'homme, censé être à Son image ? Par ailleurs, notons que l'œil a également cette amusante caractéristique d'appartenir à une autre théorie de l'ID, celle de l'« *Imperfect Design* », diamétralement opposée à la première. Cette ID-ci remarque, en effet, que les vaisseaux oculaires qui servent à transformer l'information lumineuse en impulsions nerveuses passent devant la rétine, empêchant donc une partie de la lumière de l'atteindre... Pas très malin ! Autre exemple d'erreur de design : le vert des feuilles, qui reflète une partie de la lumière qui les touche. Même moi, être très imparfaitement intelligent, je sais que le noir est plus efficace.

Pour revenir à la théorie de Darwin, si la hauteur des feuilles d'un arbre peut avoir une influence sur la longueur du cou des girafes, il apparaît clairement que le milieu joue un rôle important dans l'évolution. Or, le milieu fait lui-même l'objet de remaniements, d'altérations et de changements incessants. C'est pourquoi plantes et animaux sont, comme disait Verlaine, « jouets du flux et du reflux », c'est-à-dire soumis à la contingence de l'évolution de leur environnement. Si le dauphin de rivière a de petits yeux par rapport au dauphin des mers, ce n'est pas parce qu'il a été créé comme ça, de but en blanc, mais parce que les rivières sont souvent troubles et qu'au fil des générations, la vue a perdu de son importance. Même chose pour les hommes noirs et les hommes blancs : les uns ont des taux de mélanine élevés pour lutter contre le soleil, les autres non. Ces changements sont lents, l'adaptation se fait sur le long terme : les hommes noirs ne sont pas soudain devenus blancs en arrivant dans des régions moins ensoleillées. Mais il existe aussi des changements plus radicaux, qui constituent une autre source de contingence, ou de hasard, dans l'évolution. Ce sont les grandes catastrophes qui forcent la vie à se réorganiser du tout au tout. Les recherches ont montré qu'il y a eu six grandes catastrophes à l'échelle planétaire depuis le début de l'ère primaire (il y a 500 millions d'années), chacune suivie par des extinctions de masse qui ont forcé une restructuration majeure du vivant :

- Les deux premières datent d'il y a 440 et 360 millions d'années, et ont été fatales à une grande partie de la flore et de la faune (marine à l'époque), en particulier aux trilobites, aux ammonites et aux foraminifères ;
- La troisième, à la fin de l'ère primaire (250 millions d'années environ), est survenue ironiquement à un moment où la vie connaissait une véritable explosion. À cause d'une éruption gigantesque dans l'actuelle Sibérie (ou d'une chute d'astéroïde), entre 95 et 99 % des espèces vivantes disparurent ;
- La suivante (200 millions d'années) est encore le fait d'une éruption volcanique, qui allait durer plus de 600 000 ans !, et marqua la fin du super-continent

qu'était la Pangée en scellant l'apparition de l'océan Atlantique ;

- La cinquième grande catastrophe est celle qui signa l'arrêt de mort des dinosaures, entre autres, il y a quelque 65 millions d'années. Cette extinction massive fut provoquée non par un volcan, mais par un astéroïde de 11 km de long, qui atterrit près du Mexique actuel, créant un cratère de près de 170 km de long toujours observable aujourd'hui ;
- Enfin, la dernière catastrophe en date remonte à 30 millions d'années et vit une diminution soudaine du nombre et de la variété des mammifères.

En plus des contraintes propres à l'évolution naturelle et hasardeuse de l'environnement, plantes et animaux sont donc à la merci d'accidents de parcours tout aussi hasardeux qui effectuent un tri forcé. Ces accidents remodèlent les conditions atmosphériques, la température ambiante, le niveau d'humidité, le taux d'oxygène dans l'air, l'accès à la lumière, et si vous ne trouvez pas un moyen (génétique) de surmonter l'épreuve, il ne vous reste plus qu'à tirer votre révérence. D'après les dernières observations, aucune orbite d'astéroïde n'est sur le point de rencontrer, fortuitement, celle de la Terre avant un bon moment. Ceci étant, il faut savoir qu'une partie non négligeable du ciel échappe à notre étude, et, même si en face de nous tout va bien, dans notre dos, il est possible que se trame une nouvelle grande catastrophe. Qui sait si l'humanité y survivrait ? Et si elle y survivait, comment en ressortirait-elle ? Comment évoluerions-nous dans des conditions totalement chamboulées, c'est-à-dire sans téléphone portable et sans fraises Tagada ?

*Toi gène, moi Tarzan*

L'évolution serait un vain mot sans l'ébouriffante complexité de la génétique : la sélection naturelle et l'adaptation ne sont en effet possibles que parce que le fonctionnement du vivant repose sur les gènes et leur transmission. Cette complexité est d'ailleurs telle qu'on ne commence à comprendre la génétique que depuis quelques décennies, et Darwin ne pouvait donc rien en savoir, même si sa théorie, en quelque sorte, l'appelait : la génétique est, si l'on veut, la pièce manquante qui confirme irrévocablement Darwin.

Quels sont ses principes de base ? Le vivant se compose de cellules, dont le noyau est la partie qui prend les « décisions » – son cerveau en quelque sorte. Les informations du noyau sont contenues dans l'ADN (acide désoxyribonucléique), la fameuse double hélice décrite par Crick et Watson. On peut aussi visualiser l'ADN comme une échelle tordue : chaque échelon de cette échelle comprend deux paires de base, deux sur quatre possibles (A, G, C ou T [6]), sachant que seules certaines paires sont permises (C et G, ou A et T, par exemple). Le message contenu dans l'ADN correspond à cette suite précise de lettres, et détermine par conséquent la fonction et le fonctionnement de la cellule dans laquelle il se trouve. Le

6. A pour *adénine*, G pour *guanine*, C pour *cytosine* et T pour *thymine*.

gène, quant à lui, est une portion, une séquence de ce code, et l'ensemble des gènes forme le génome. Les chromosomes, eux, sont une suite particulière de gènes, et le génome humain par exemple, qui comprend entre 30 000 et 50 000 gènes, nécessite 2 paires de 23 chromosomes, soit 46 chromosomes, pour tous les inclure[7]. Les gènes sont les porteurs de l'information, mais pour qu'elle informe quoi que ce soit, il faut que cette information soit traduite en processus chimiques. C'est là que l'ARN, ou acide ribonucléique, entre en jeu, puisqu'il fait office d'intermédiaire entre le noyau et le corps de la cellule.

Après ce bref rappel, voyons maintenant comment la génétique peut se révéler un lieu de prédilection pour le hasard. Pour ceux qui connaissent leurs classiques, Peter Parker, adolescent tout à fait normal au plan génétique, s'est un jour fait mordre par une araignée radioactive, après quoi il a hérité de certaines de ses caractéristiques (adhérer aux murs, très grande force physique, etc.). En d'autres termes, certains gènes de l'araignée sont passés dans le génome de Peter[8]. Comment est-ce possible ? Dans les gènes comme dans beaucoup d'autres choses, il faut compter avec l'erreur, le hic, le grain de sable. Normalement, l'ARN recopie parfaitement l'information génétique de l'ADN pour qu'elle soit traduite

---

7. À titre indicatif, chez l'être humain, les chromosomes du sexe (X et Y) comptent respectivement 1 184 et 231 gènes. Par ailleurs, pour comparaison avec nos 46 chromosomes, la mouche drosophile en a 8, la poule 78, et la carpe 105.

8. Je renvoie les sceptiques au film *Spiderman*.

en fonction chimique. Les ARN-polymérases ont même la faculté extraordinaire de se « relire » pour éviter les erreurs de recopiage, qui passent ainsi d'une fréquence de 1 sur 100 000 à 1 sur 1 000 000 [9]. Nonobstant, *errare geneticum est* quand même, et c'est en partie par elle que l'imprévu se fraie une bonne place dans la génétique. Le problème peut être, comme on vient de le voir, interne, c'est-à-dire arriver lors de la division de l'ADN (erreur de recopiage), mais aussi externe, dû à des agents mutagènes, tels que les radiations ou les pesticides, qui attaquent le contenu même des gènes ou le processus de recopiage.

Dans le cas de Peter Parker, la translocation (l'insertion d'une séquence génétique de l'araignée dans son ADN humain) a été bénéfique, mais dans bien d'autres cas, les mutations génétiques peuvent avoir des conséquences fâcheuses. L'exposition aux radiations ou aux agents chimiques peut ainsi entraîner des cancers, ou des malformations génétiques chez l'enfant – les retombées radioactives de Tchernobyl et les défoliants au Vietnam en ont fourni suffisamment de preuves. Et pourtant, incroyablement, la plupart des mutations génétiques n'ont aucune incidence ! En effet, tous les gènes ne sont pas codants, c'est-à-dire porteurs d'une information utile : chez l'homme, seuls 3 % sont dans ce cas. Par conséquent, si les mutations surviennent en dehors de ces 3 %, rien de concret

9. Cette faculté n'existe pas chez les virus par exemple, et c'est pourquoi ils évoluent si rapidement. Le cancer s'adapte à une telle vitesse aux traitements que les médecins combinent depuis longtemps les médicaments. La grippe aussi mue à un rythme effréné, d'où la nécessité de créer de nouveaux vaccins chaque année.

ne se passe[10]. Logiquement, concernant les 3 % codants, on s'attendrait donc à ce que toute altération ait un effet considérable. Eh bien c'est faux : il a ainsi été prouvé qu'une mutation génétique affectant une séquence d'ADN codant sur trois n'entraîne aucune modification des protéines ! Autrement dit, la marge d'erreur semble immense.

Bien sûr, la génétique ne prend tout son sens que dans le phénomène de la reproduction, car sans reproduction – notez bien – pas de descendant, et sans descendant pas d'évolution. Il existe deux grands types de reproduction[11], chacun ayant ses particularités : la reproduction asexuée et la reproduction sexuée. La première concerne la plupart des bactéries, ainsi que certains animaux et plantes unicellulaires, et consiste en une simple division, ou *mitose*, de l'ADN en deux copies strictement identiques. La particularité majeure de ce mode de reproduction est qu'il ne laisse pas de place à l'adaptation, au changement, puisque l'ADN de la bactérie est reproduit à l'identique dans la seconde, et ainsi de suite.

De son côté, la reproduction sexuée repose sur le mélange, ou *méiose*, de deux codes génétiques différents (mâle et femelle) pour donner naissance à un troisième code génétique[12], qui porte encore les traces de ceux des parents, mais est aussi particulier, individuel. Plus

---

10. Jusqu'aux dernières nouvelles. Mais les recherches sur l'ADN non codant se multiplient, et l'on en apprendra peut-être bientôt davantage sur la question.

11. Je n'aborderai pas ici les deux autres modes de reproduction possibles : l'immaculée conception et les bébés-cigognes.

12. Sur le modèle suivant : 1p + 1p = 3p (où p représente le pou commun).

précisément, ce qu'il se passe est que l'échelle de l'ADN mâle et l'échelle de l'ADN femelle se coupent en deux dans la longueur, et qu'ensuite, chacune s'apparie avec une moitié de l'ADN de l'autre sexe. Il en sortira un nouvel ADN qui aura à la fois des caractéristiques de sa mère et de son père, caractéristiques mêlées qui l'identifieront en propre, à l'exception de tous les autres individus.

Or, c'est ici que le hasard entre véritablement en action. D'abord, on l'a vu, il peut y avoir des erreurs de lecture des ARN-polymérases, avec les conséquences éventuelles qu'on sait. Ensuite, le résultat du mélange des deux brins d'ADN est imprévisible : comme l'a montré Gregor Mendel avec ses pois, si l'embryon reçoit des gènes porteurs de caractéristiques contraires, disons grand et petit, l'un des deux prendra aléatoirement le dessus. On appelle ce gène dominant, et l'autre récessif. Mais ce gène récessif, inexprimé donc chez l'individu en question, fait, cela dit, toujours partie de son patrimoine génétique ; et quand il se reproduira à son tour, sa progéniture pourra donc très bien exprimer ce gène récessif. C'est moins probable, mais c'est tout à fait possible. C'est pour cette raison que les maladies génétiques, telles que l'hémophilie, peuvent sauter les générations : le gène qui les exprime est dominant dans l'une, récessif dans l'autre.

Autre source de hasard importante : la dérive génétique. Jusqu'ici, les mutations abordées jouaient un rôle dans la sélection naturelle – un cou plus long, plus de force, de vitesse, un bec plus crochu, etc. Mais la proportion des gènes ayant un impact notable sur l'adaptation de l'individu à son environnement est minime, sinon infime :

beaucoup de caractéristiques n'ont ainsi pas de poids en ce qui concerne la survie, et pourtant elles existent, et sont transmises. Mais puisqu'elles n'influent pas sur la sélection naturelle, elles sont plus « libres », elles ne sont pas guidées. Imaginons, par exemple, que le passage d'une génération mère à une génération fille n'ait entraîné aucune modification génétique en termes de survie ou de fertilité (modifications qui vont dans le sens de l'évolution/adaptation) ; pour autant, la génération fille sera génétiquement différente de la génération mère, car les gènes de celle-là seront le fruit d'une recombinaison aléatoire de celle-ci.

Admettons maintenant que l'espèce en question soit une fleur particulière, et qu'une population en comporte 100 individus. Il existe toujours différentes versions d'un même gène, dites allèles : le gène de la couleur dans cette population de 100 fleurs peut, par exemple, avoir deux allèles, un qui code la couleur bleue (chez 95 individus), et l'autre la couleur jaune (chez 5 individus). Acceptons que pour une raison X (un éboulement de terrain, le passage d'un herbivore affamé, une maladie, etc.), toutes les fleurs bleues disparaissent. Il en résultera que les générations suivantes seront en grande majorité jaunes, quand la grande majorité des précédentes étaient bleues. Autrement dit, la variation génétique relative aux couleurs perdra en richesse. C'est l'effet goulot. Petit changement sans conséquence ? Hasard dépourvu d'intérêt ? Vous l'appelez comme vous voulez ; toujours est-il qu'il détermine une caractéristique importante des générations suivantes.

Cet effet goulot pourrait expliquer que le patrimoine génétique humain soit si peu varié, chose assez surprenante quand on pense que l'homme a près de sept millions d'années d'âge. Les anthropologues estiment en effet qu'il a connu une forte réduction de sa population il y a quelque 100 000 ans : les six milliards d'habitants actuels de la Terre descendraient d'un nombre très limité d'ancêtres, seule façon d'expliquer la grande ressemblance de nos gènes. Après tout, les variations génétiques sont plus nombreuses chez les gorilles d'une seule forêt africaine que chez tous les humains réunis...

Au final donc, si l'homme espérait fuir l'abominable contingence existentielle dans les recoins de l'infiniment petit organique, il est bien mal servi. L'hérédité, c'est-à-dire le spermatozoïde sur 500 000 millions qui fécondera l'ovule, fait en effet passer certaines de vos caractéristiques à vos enfants, mais 1) vous ne savez pas lesquelles, 2) certaines seront récessives, et qui plus est 3) d'autres, qui vous sont totalement inconnues, vont peut-être refaire surface, voire être créées du tout au tout par une fortuite erreur de réplication ou une mutation hasardeuse. Mais encore faudrait-il avoir le temps de se reproduire : après tout, qui dit que vous avez ce qu'il faut pour faire partie du wagon des survivants dans la jungle toujours plus dense des villes du XXIe siècle ? Quel va être le sort, dans la sélection naturelle, des personnes allergiques aux puces et aux souris d'ordinateur ?

## 2 – LE HASARD DÉTERMINISTE

Le type de hasard couvert dans la première section de ce chapitre peut paraître inquiétant : le monde, en effet, s'avère reposer en partie au moins sur des bases aléatoires. On pourrait donc croire que tout espoir en un quelconque ordre est vain, sapé dans ses fondations mêmes. Toutefois, de la même façon que le théorème de Gödel n'empêche pas mon banquier d'affirmer avec certitude que mon compte est dans le rouge, il semble que, en dépit de la loterie génétique et des sauts électroniques, je puisse mener une existence normale. Et si, donc, les bases hasardeuses de la vie n'avaient finalement aucun effet sur son déroulement ? Autrement dit, peut-être ordre et certitude refont-ils surface dès qu'on passe outre le détail de l'infiniment petit...

Cette observation, le quotidien semble amplement la confirmer : l'eau mouille, notre réveil sonnera à l'heure dite demain matin, l'arc-en-ciel aura toujours les mêmes couleurs et, d'expérience millénaire, l'homme sait qu'il a intérêt à éviter d'être dans les parages d'un volcan quand il entre en éruption. En bref, quoiqu'en disent les scientifiques, le monde obéit à une causalité connue. C'est vrai, mais dans certaines limites seulement. Par exemple, déterminer l'imminence de cette même éruption est plus délicat qu'on ne le pense, car c'est un événement complexe et non régulier. Ce n'est pas impossible, bien sûr, mais pour y arriver, il est nécessaire d'avoir une connaissance précise des différents paramètres entrant en compte dans le déclenchement des éruptions. C'est pourquoi il n'est pas rare qu'une éruption prévue ne voie finalement pas le jour, ou inversement qu'un volcan parte en fumée alors même que les sismologues n'avaient rien vu venir.

Cette dose d'imprévu, qu'on retrouve encore dans le phénomène des *freak waves*, ces vagues géantes qui naissent sans prévenir dans les océans et que recherchent désespérément les chasseurs de grosses vagues, est en fait particulièrement fréquente. Il ne s'agit pas pour autant d'un hasard intrinsèque, « tel qu'en lui-même » : ici l'imprévisible semble en effet naître de l'ordre lui-même. Autrement dit, l'ordre qui repose sur le désordre engendre lui-même du désordre. C'est cet étrange mécanisme que cette section va mettre en évidence. Malheureusement pour eux donc, les hypocondriaques ne sont pas au bout de leurs peines.

### Trois corps célestes et la pluie

D'ordinaire, à notre échelle, on peut prédire avec précision l'effet qu'une action va avoir : si j'ouvre un livre, j'ouvre un livre, point final ; quand je bois, je me désaltère, et la chose ne va pas plus loin. Toutefois, ce n'est pas toujours vrai : l'assassinat d'un quidam a des conséquences restreintes, mais celui d'Hitler en 1938 aurait pu éviter la guerre, par là la mort de millions de personnes, la guerre froide, et le visage du monde actuel en serait grandement modifié. Ainsi, un simple assassinat, un événement causal facile à comprendre, à expliquer, peut déclencher un nombre flou d'événements impossibles à quantifier, à identifier, à prévoir.

En sciences, c'est cette disproportion entre la cause et l'effet que décrit et définit le hasard déterministe, autrement connu sous le nom assez fourre-tout de « théorie du Chaos ». Cette théorie a étrangement ses origines dans une fissure mal colmatée des lois de la Gravitation de Newton, le père du déterminisme physique. Grâce à ses équations, Newton avait en effet parfaitement expliqué le comportement de deux planètes gravitant l'une autour de l'autre. Il pouvait ainsi établir avec exactitude l'état de ce système à deux corps à 10 jours, 1 000 ans ou 1 million de siècles. Malheureusement, les lois de Newton n'obtiennent pas de résultats aussi convaincants lorsque le couple devient ménage à trois. En fait, dans un système à trois corps célestes, l'application de ces lois conduit à des aberrations. Dans le passé, les astronomes avaient pris l'habitude de recourir à la « théorie de la Perturbation » pour faire correspondre calcul et observation. En pratique, ils introduisaient une petite valeur correctrice dans leurs équations ; mais cette correction n'avait aucune assise rigoureuse, c'était ni plus ni moins que « du pif ». Conclusion : le déterminisme classique ne s'applique pas dans ce cas.

Ce sont les physiciens Hadamard et Poincaré qui mirent, à la fin du XIXe siècle, le doigt sur la clef du mystère. Dans le cas de deux corps, le premier n'est influencé que par le second. Or, dès lors qu'on sait quantifier cette influence, on peut prédire avec précision l'état du système, à court comme à long terme. Mais lorsqu'on y introduit un troisième corps, *même minuscule*, chaque planète se met à influencer les deux autres, et le déterminisme newtonien n'a plus cours, car ce trafic d'influence crée des *feedback*, des rétroactions, qui s'influencent à leur tour les uns les autres. On pourrait penser, puisque ces rétroactions sont connues, que le calcul est toujours possible. Le problème est que notre connaissance des données en jeu (taille, poids, composition des corps, etc.) est par nature imparfaite, et que dans un système à trois corps toute disparité entre la réalité et l'approximation va connaître, en raison de la rétroaction, une croissance *exponentielle*. Problème que Poincaré a exprimé dans ces termes : « Une cause très petite, qui nous échappe, détermine un effet considérable que nous ne pouvons pas ne pas voir, et alors nous disons que cet effet est dû au hasard. » Malheureusement pour Hadamard et Poincaré, cela dit, la découverte de l'importance de la dépendance de certains systèmes aux conditions initiales resta lettre morte jusqu'en 1963, lorsqu'un météorologue du nom d'Edward Lorenz publia un article sur les systèmes déterministes non périodiques.

Lorenz travaillait depuis quelque temps avec des modèles de l'atmosphère et des océans de la Terre. En 1961, étudiant l'interaction entre température, vent et pression, il voulut se concentrer sur une partie d'un de ses modèles. Plutôt que de tout reprendre depuis le début, il fit redémarrer son programme sur la base du chiffre 0,506 (qui représentait un état donné du modèle). Une fois le travail de l'ordinateur terminé, il se saisit des feuilles, et tomba sur un hic : ce modèle atmosphérique, qui ne devait que répéter de façon plus explicite le premier, en était complètement différent ! Après maintes tentatives d'explication infructueuses, il finit par comparer la donnée entrée à la donnée originale : 0,506 donc, pour 0,506 127. Il comprit alors ce qui s'était passé : en ayant fait l'économie d'une simple unité sur 506 0, il avait introduit une force hautement perturbatrice dans ses calculs. Poincaré le retour [13]. Mais en 1963, le monde scientifique était prêt à reconnaître l'importance de cette (re)découverte, et la théorie du Chaos a eu le succès qu'on sait. Un exemple utilisé par Lorenz lui-même a d'ailleurs énormément participé à populariser cette théorie : celui du battement d'ailes de papillon d'un côté de la Terre, qui engendre une tornade de l'autre [14].

Comprendre le lien de dépendance entre le temps qu'il fait et la théorie du Chaos permet d'éclairer pourquoi, en dépit des ordinateurs actuels, la fiabilité de nos bulletins météo diminue à mesure qu'on offre des prévisions plus éloignées. Peut-être plus encore que dans le cas des corps célestes de Poincaré, il est facile de voir qu'il est difficile, voire impossible, de quantifier avec exactitude les paramètres de tous les éléments qui entrent en compte dans la création du temps qu'il fait à un moment *m*. Ces éléments étant innombrables (vents, évaporation, El Niño, températures, éventuelles éruptions volcaniques, terrestres ou sous-marines, fonte des neiges, nuages, nombre de papillons qui s'agitent, etc.), et interagissant, tout calcul

13. Il est amusant de constater que Poincaré donne lui-même l'exemple de la météo pour faire comprendre la dépendance aux conditions initiales…

14. Exemple dont il fit part dans une conférence de 1972 intitulée *Prédictibilité : le battement des ailes d'un papillon au Brésil peut-il déclencher une tornade au Texas ?*

repose sur de grossières approximations *nécessaires* qui, ajoutées les unes aux autres – et toujours soumises à l'instabilité exponentielle –, aboutissent vite à des prévisions sans aucun rapport avec la réalité. C'est la raison pour laquelle il est risqué d'avoir une foi aveugle dans les bulletins météo, que ce soit pour le spectateur ou le journaliste. La Grande-Bretagne en sait quelque chose : Michael Fish, ancien présentateur météo anglais de la BBC, annonça en effet le 15 octobre 1987 que « ce matin, apparemment, une femme a appelé la BBC et a dit avoir entendu qu'un ouragan allait frapper... Eh bien, si vous regardez ce programme, ne vous inquiétez pas, il n'en est rien ! » Résultat, aucune mesure et aucune précaution particulières ne furent prises. Malheureusement, le soir même, la tempête la plus dévastatrice depuis 1703 se défoula sur les côtes du sud de l'Angleterre.

## La thermodynamique

La thermodynamique est la branche de la physique qui étudie la chaleur, ainsi que les systèmes en équilibre, et elle a joué un rôle crucial dans l'histoire du hasard en sciences en introduisant le concept d'*entropie*[15]. Dans le contexte de la seconde loi de la Thermodynamique (que Lord Kelvin a participé à mettre en lumière), on dit ainsi souvent que *l'entropie est la mesure du désordre* d'un système. On explique également que l'univers dans son ensemble tend

15. L'entropie, vue plus tôt dans le contexte de la théorie de l'Information, correspondait à une transposition de celle-ci.

vers un état de plus en plus désordonné – à l'entropie toujours plus grande. Prenons l'exemple d'école de la boîte à deux compartiments dont un est rempli de gaz et l'autre de vide. Il règne dans cette boîte un certain ordre, puisqu'il est possible de différencier les deux parties. Or, dès qu'on ôte la séparation entre les deux compartiments, gaz et vide se mélangent. Résultats : la température ambiante à l'intérieur de la boîte diminue (car les particules sont plus espacées), et l'on ne peut plus faire de différence : en tous points, la boîte est égale à elle-même.

Le lien entre cette expérience et le futur de la matière dans son ensemble est que, dans tout système isolé, tels que l'univers ou notre boîte, la tendance est à l'équilibre, et l'équilibre se fait dans le mélange et la suppression des forces contraires (comme la séparation dans notre boîte). Ce que démontre la seconde loi de la Thermodynamique, c'est donc que de par lui-même, aucun système fermé ne retournera jamais, et ne *peut* retourner, à ses conditions d'origine. Autrement dit, le monde se caractérise par son *irréversibilité*, une idée diamétralement opposée au déterminisme physique hérité de Newton ou Laplace. En effet, parce qu'ils comprenaient la causalité comme une simple question d'étapes enchaînées les unes aux autres, les scientifiques des XVIIIe et XIXe siècles voyaient en gros le monde comme une voiture : si elle peut aller de l'avant, elle peut aussi reculer (c'est pourquoi on appelle souvent ces scientifiques des « mécanistes »). Par conséquent, le célèbre démon de Laplace pouvait non seulement prédire le futur, mais plus encore remonter le temps pour parvenir à la cause initiale, l'origine du tout. Si la dépendance aux conditions initiales a montré que la connaissance exacte du futur nous échapperait à jamais, la thermodynamique prouve qu'il en va de même du passé.

Dans le contexte du hasard, il est peut-être étonnant de parler d'équilibre. Pourtant, l'entropie définit l'état d'un système à son niveau d'énergie le plus faible, c'est-à-dire un état d'équilibre. Pour notre Soleil par exemple, cet état correspond à sa destruction : quand il n'aura plus assez de combustible pour résister aux forces physiques qui l'oppressent, il explosera. Plus proche de nous, on peut dire que l'état d'équilibre des objets courants est l'immobilité : un ballon, une voiture ou une pomme de pin sont à leur plus économe quand ils sont à l'arrêt. Tout mouvement de leur part repose sur un apport d'énergie extérieur, et l'on peut donc dire qu'ils sont « attirés » par l'immobilité. En termes mathématiques, la position assumée par notre ballon en proie à l'équilibre sera ce qu'on appelle son *attracteur* et, de façon visuelle, on peut se le représenter par un point. Si, par contre, on se représente l'attracteur d'un système périodique comme le balancier d'une horloge, son état d'équilibre correspond au balancement, et l'on n'obtient plus seulement un point, mais une courbe.

Qu'en est-il dès lors qu'on s'intéresse à des phénomènes complexes, relevant de la théorie du Chaos ? Revenons à la météo. On pourrait être tenté de dire que le temps ne connaît pas d'état d'équilibre. Après tout, il varie d'un jour sur l'autre, sans arrêt, et l'on voit mal en quoi consisterait son hypothétique attracteur. Et pourtant, en effet, il existe. Mais étant donné la complexité de la météo, il ne pouvait pas s'agir d'un attracteur simple, et c'est pourquoi on parle d'« attracteur étrange ». Les attracteurs étranges s'appliquent au juste à tout système complexe. La météo en est un, mais le robinet de votre baignoire aussi : si vous voulez vous plonger le plus vite possible dans un bon bain chaud, vous allez ouvrir votre robinet en grand, et l'écoulement de l'eau va faire apparaître des turbulences. Même chose dans une rivière : au-delà d'un certain débit, son comportement va devenir chaotique, turbulent. Mais répétons-le : cette turbulence connaît une certaine forme de régularité. L'exemple le plus célèbre d'attracteur étrange revient à Lorenz. En ramenant l'évolution temporelle de la convection atmosphérique à trois dimensions, Lorenz a en effet donné son nom à un attracteur étrange particulièrement singulier : un papillon ! D'où, soit dit en passant, le titre donné à sa célèbre conférence, ainsi que l'expression, qu'on retrouve souvent dans la vie de tous les jours, d'« effet papillon [16] ».

Cette étonnante propriété du désordre le plus complet à intégrer de l'ordre a été étudiée par Ilya Prigogine, le prix Nobel de chimie en 1977. La rivière la plus tumultueuse engendre des tourbillons, les vents violents créent des tornades, la surface de Jupiter est défigurée par une grande tache rouge immuable : comment voir ces bizarreries physiques autrement que comme des précipités d'ordre au milieu du chaos ? Prigogine a qualifié ces phénomènes d'*ordo ab chao* de « dissipatifs », et a également parlé à leur sujet d'auto-organisation, car c'est

---

16. Un film porte d'ailleurs ce titre.

bien de ça qu'il s'agit : en dépit de l'entropie généralisée apparaissent des comportements hautement structurés. En d'autres termes, l'auto-organisation est un phénomène qui survient lorsque tout le reste va de travers. Si tout va bien, si un mécanisme est parfaitement huilé, « à l'équilibre » comme dit Prigogine, il n'y a aucune raison que quoi que ce soit change. Par contre, apportez un bouleversement radical et vous entrez dans le domaine des systèmes « loin de l'équilibre ». Or, loin de l'équilibre, l'intégralité du système considéré est soumise à un pandémonium qui interrompt les mécanismes en place auparavant, et le chaos se met à régner. Mais au milieu du vaste territoire romain, de petits villages de Gaulois irréductibles se mettent à fleurir, à s'auto-organiser, et ce, *sans aide extérieure.* Chose remarquable s'il en est, car on est ici en présence de poches de résistance qui s'isolent du tout pour recréer une forme d'ordre, de régularité, qui n'a plus rien à voir avec celle du tout d'origine.

Mais le plus étonnant dans ces systèmes auto-organisés dans des situations loin de l'équilibre est sans doute leur irrespect complet pour la seconde loi de la Thermodynamique, qu'on pensait pourtant universelle. Normalement, tout système tend vers l'entropie, c'est-à-dire le désordre maximal. Mais ici, dans un système qui tend effectivement vers l'entropie, apparaissent des instances hautement structurées. Le physicien Henri Bénard en fournit d'ailleurs, dès 1900, une parfaite illustration : si vous chauffez progressivement un récipient circulaire rempli d'eau et d'une fine couche d'huile, au bout d'un moment, la température dépassant un seuil critique, la convection donnera naissance à la transformation de la surface huileuse en un ensemble de cellules hexagonales identiques, un peu comme un rayon de miel. Étrange phénomène montrant, comme le reste du hasard déterministe, qu'il est dangereux de se fier aux apparences.

## 3 – LES PROBABILITÉS

> « Les statistiques, c'est comme le bikini. Ce qu'elles reflètent est suggestif. Ce qu'elles dissimulent est essentiel. »
>
> AARON LEVENSTEIN

### L'essor du probable

Ce chapitre s'est ouvert en disant qu'en mettant le hasard en lumière, les sciences des XIXe et XXe siècles s'étaient tiré une balle dans le pied : le hasard, frontière de la connaissance. Les mathématiques se sont ainsi découvert des fondations fragiles ; le physicien est à jamais privé d'une connaissance objective des faits et gestes de la particule, et le météorologue d'une prévision fiable à 100 %. Cela signifie-t-il pour autant qu'il faille baisser les bras ? La reconnaissance de la place du hasard dans le monde physique implique-t-elle nécessairement de tirer une croix sur nos objectifs ? En somme, est-il justifié de penser, comme le fait souvent l'hypocondriaque, que hasard et savoir sont antinomiques ?

Non, bien sûr. La société contemporaine doit ainsi à la théorie du Chaos, en ce qu'elle fournit un outil pour manipuler la complexité, de mieux comprendre des sujets aussi divers que le bruit des lignes téléphoniques, l'état de monopole, l'organisation des villes, l'acoustique, les assurances, le fonctionnement du cœur et du cerveau, l'évolution des populations animales, ou encore la forme d'Hypérion, satellite de Saturne… La découverte de la porosité du déterminisme n'a donc pas signé l'arrêt tant redouté de la connaissance. En fait, c'est même plutôt le contraire. Et à quoi doit-on principalement ce renversement de situation, cette transformation du hasard-ennemi en hasard-ami ? À l'apparente quadrature du cercle que sont les *probabilités*.

La naissance de la discipline est étroitement liée à deux phénomènes : l'arrêt de l'interdiction religieuse relative aux jeux de hasard au XVII^e^ siècle, et l'apparition sur la scène philo-scientifique de Blaise Pascal. Les jeux de hasard, hier comme aujourd'hui, mettaient l'accent sur l'incertitude. Or, dans une société chrétienne vouée à sa propre version de l'aristotélisme (autrement dit, professant la perfection et la prédétermination divines), toute incertitude était une attaque ouverte contre le système, une hérésie. Du coup, la manipulation du, et la réflexion sur, le probable étaient fortement déconseillées à qui voulait pour vie un fleuve tant soit peu tranquille. Mais l'Église du XVII^e^ siècle finit donc par autoriser, à contrecœur, les jeux de hasard, se contentant simplement de les condamner sur un plan moral, en raison de la trop grande place qu'ils faisaient à l'argent [17]. Pour autant, il ne faut pas croire que les portes étaient grandes ouvertes pour l'entrée en scène d'une « science du hasard », et ce, pour des raisons non plus théologiques, mais philosophiques. À l'époque, le grand ponte de la philosophie française s'appelait Descartes. Or, en termes philosophiques, Descartes et Pascal sont un peu comme Zidane et Materazzi au football : ils jouent au même jeu, mais ils n'ont pas les mêmes règles. L'un joue avec son cœur, l'autre avec sa tête, laquelle, c'est bien connu, a ses raisons que la raison ne connaît pas.

Selon Descartes, le monde est mécanique par excellence. Le corps humain fonctionne comme un automate, la nature est un ensemble de boulons, écrous et rouages parfaitement assemblés. Il chercha par conséquent à fonder toute la connaissance possible sur le modèle mathématique, progressif et logique. Il s'ensuit naturellement qu'il exclut de sa réflexion le vraisemblable, le douteux : « Il ne faut s'occuper que des objets dont notre esprit paraît pouvoir atteindre une connaissance certaine et indubitable », écrivait-il ainsi dans ses *Règles pour la direction de l'esprit*. *Exit* les jeux de hasard, si jamais ils avaient menacé d'entrer dans le champ des considérations cartésiennes.

À l'inverse, Pascal ne fait pas vraiment de place, dans ses pensées, à la certitude. À ses yeux, le monde est intrinsèquement contingent. La croyance même est contingente, affaire de choix plus que de connaissance,

17. Drôle d'idée : après tout l'État français n'a empoché, en 2005, que 72 % des 8,9 milliards d'euros gagnés par la Française des jeux sur le dos des joueurs.

comme le montre son fameux pari : il est plus avantageux de croire en Dieu, car s'Il existe et qu'on vit selon Ses préceptes, on ira au paradis (dans le cas contraire on ira en enfer) ; et si, finalement, Il s'avère une invention humaine, eh bien on n'aura pas perdu grand-chose à vivre de façon vertueuse. En fait, le pari est un premier indice fort de ce que Pascal a une conscience aiguë des lacunes de l'homme « carré », et qu'il s'intéresse au probable.

Pour être juste, Pascal croit aux certitudes, mais dans un seul et unique domaine, les mathématiques. Cela dit, au contraire de Descartes ou Pythagore, il ne les voit pas comme la clef de voûte du Tout. Pour lui, de vérité absolue, que nenni. Tout au plus l'homme peut-il atteindre certaines vérités locales, très circonscrites. Ce qui signifie que quand Descartes tente de déterminer une méthode unique pour tout aborder, Pascal prône le principe inverse : « À chaque problème sa méthode ». Dans ces conditions, son intérêt intellectuel pour les jeux de hasard ne surprend pas. Ces jeux sont en effet la place privilégiée, du moins à une époque où le reste de la société était encore en grande partie vu comme figé et immuable, de la contingence. Qu'un événement soit contingent signifie qu'il peut être, comme il peut ne pas être. Que le six tombe la prochaine fois que je jette mon dé, selon Pascal, est une affaire qui n'est pas établie de tout temps : c'est, comme on dit, un événement qui a des *chances* de se réaliser. Mais là où il se distingue du « comme on dit », c'est que Pascal a compris qu'il était possible d'allier mathématiques et hasard, autrement dit deux entités apparemment parfaitement antinomiques. D'où, en 1654, l'introduction quasi officielle du concept de probabilités dans son opus *Aleae geometria*, ou « géométrie du hasard ». Dès lors, la brèche est ouverte, et bientôt les grands noms se succèdent pour développer et améliorer ce qui deviendra finalement les statistiques : Huygens publie l'important *De ratiociniis in ludo aleae* en 1657, Jacques Bernoulli *Ars conjectandi* en 1713 [18] ; puis vinrent Leibniz, Laplace, Cournot, Maxwell, Gauss, von Neumann...

Sans les probabilités, la société moderne n'aurait jamais vu le jour. Dès la fin du XIXe siècle par exemple, on s'en servait en médecine et en biologie, en mécanique statistique et dans la théorie cinétique de la matière, dans les assurances et en Bourse. Aujourd'hui, il est impossible de parcourir un quotidien ou une revue sans tomber sur des « résultats », tableaux et autres graphiques, et des pans entiers de l'activité humaine contemporaine reposent plus ou moins exclusivement sur les probabilités. Mais que font-elles donc, ou plutôt qu'est-ce qu'elles signifient ? En pratique, pour Pascal, elles permettent de calculer le rapport du nombre de cas favorables à un joueur sur le total des cas possibles dans une seule et même partie. Au lieu de se dire : « Pourvu que le six tombe, Dieu, s'il Te plaît, j'ai été gentil et j'en ai vraiment besoin, s'il Te plaît, je mets tout mon argent sur le six, fais qu'il tombe ! », le joueur pouvait dès lors ratiociner : « J'ai une chance sur six que le six tombe, et il devrait tomber au moins une fois sur les six coups à venir, donc je vais miser un peu à chaque

18. La famille Bernoulli a beaucoup fait pour les probabilités : en plus de Jacques, son frère Jean, son fils Daniel et le cousin de celui-ci, Nicolas, ont chacun apporté leur pierre à l'édifice.

partie ». D'où le lien jamais démenti entre probabilités et stratégie, et d'où leur importance dans la passionnante théorie des Jeux apparue au XXe siècle [19].

Une des premières trouvailles d'envergure des probabilités est la loi des Grands Nombres, mise en lumière par Jacques Bernoulli. Cette loi pose que, dans le cadre d'un phénomène hasardeux, aléatoire, plus le nombre de tentatives ou d'occurrences sera grand, et plus l'écart entre la pratique et le résultat théorique diminuera. Si vous jetez six fois un dé non pipé, il est peu probable que vous obteniez une répartition uniforme des chiffres, c'est-à-dire que 1, 2, 3, 4, 5 et 6 tombent. Vous aurez peut-être 2 trois, 1 six, 2 quatre et 1 cinq. Ce déséquilibre ne reflète, cela dit, aucune vérité profonde quant à l'état de la matière ou de votre coefficient de chance : chaque chiffre est *équiprobable*. Mais cette équiprobabilité ne sera véritablement observable que si vous lancez votre dé un grand nombre de fois.

## Limites des probabilités

Cet exemple simplet montre à la fois la force et les limites des probabilités. En effet, dans un premier temps, celles-ci ne traitent pas du certain, mais du probable (qui peut ou peut ne pas s'avérer) ; et dans un second temps, elles étudient des ensembles, non des individus. Ces limites ne seraient pas plus dérangeantes si, aujourd'hui,

19. Citons par intérêt le théorème du Minimax de von Neumann : dans un jeu de stratégie, les échecs par exemple, le meilleur coup est parfois un coup aléatoire.

les probabilités ne jouissaient d'un statut quasi religieux, qui tend à oblitérer ces caractéristiques pourtant essentielles. L'exemple de Michael Fish illustre parfaitement l'écart potentiellement coûteux entre certain et probable : son erreur, lors de ce fameux bulletin météo de 1987, ainsi que l'erreur du public, auront en effet été de perdre de vue qu'il s'était fié aux résultats obtenus par un modèle mathématique *particulier*, et que ces résultats ne représentaient qu'une interprétation statistique du futur de l'atmosphère à partir de son état passé.

Pour ce qui est de la différence entre le comportement de l'ensemble et de l'individu, il est clair qu'elle importe assez peu lorsqu'on s'intéresse aux atomes : que l'un d'eux parte en solitaire importe peu. Mais au niveau humain, parce que nous pouvons être cet individu isolé, une trop grande confiance dans la généralité peut être trompeuse : les « autorités » affirment à qui veut les entendre que lorsque la grippe aviaire passera en mode de transmission homme à homme, elle fera des millions de morts : mais qui *précisément* ? Ma voisine, mon fils, moi ? Les femmes françaises meurent en moyenne à 78 ans, donc il peut sembler raisonnable d'acheter une maison en viager à une vieille dame qui vient de fêter ses 88 ans. Mais si vous tombez sur une Jeanne Calmant, vous en faites quoi des statistiques ?

Liées à cette phobie de l'individu, ainsi que le montrent Didier Dacunha-Castelle dans *Chemins de l'aléatoire* ou Nassim Nicholas Taleb dans son dernier essai en date, *The Black Swan*, les probabilités ont toujours de grandes difficultés à traiter les événements rares et imprévus.

Singulière lacune pour une discipline qu'on nomme pourtant « science du hasard ». Ces difficultés viennent de ce que la prévision fonctionne en grande partie sur l'observation du passé qu'on analyse à satiété pour être en mesure de comprendre l'évolution à venir de ce qui nous intéresse – le cours des actions, le niveau des précipitations, le montant des polices d'assurance, etc. Mais les précipitations des dix années précédentes appartiennent à un contexte bien particulier, et ce contexte change, et changera, de telle sorte que si l'on pense avoir compris leur relation à El Niño ou à la fonte des neiges arctiques pour la tranche 1997-2007, il est fort délicat de se prononcer sur leur niveau à venir puisque à la fois El Niño et la fonte des neiges arctiques sont eux-mêmes appelés à connaître des changements. En d'autres termes, pour prévoir le niveau des précipitations pour 2007-2010, il faut également se baser sur des prévisions statistiques concernant tous les autres paramètres qui affectent la pluie. Le calcul des probabilités pour un phénomène isolé est déjà à prendre avec des pincettes, alors imaginez un calcul qui en inclut dix, vingt, ou cent autres. Parfois en probabilités, il en va un peu comme de l'âge du capitaine.

Autrement dit, les résultats statistiques ne constituent aucune forme de garantie contre le hasard. Quoiqu'on en dise, une prévision statistique, pour complexe qu'elle soit, n'en demeure pas moins une évaluation hypothétique, presque subjective, des chances de réalisation de tel ou tel événement. Si les probabilités peuvent donc être une aide, il importe de ne pas oublier qu'elles ne fournissent pas le moins du monde la clef du futur. Dès lors, prendre ses décisions en fonction de leurs résultats, c'est encore et toujours prendre un risque, faire un pari. Keynes, l'économiste, a très bien résumé cet état de fait : « On a déjà montré qu'aucune connaissance des probabilités ne nous aide à savoir quelles sont les conclusions qui sont justes ; et qu'il n'y a aucune relation directe entre la vérité d'une proposition et sa probabilité. Les probabilités commencent et finissent avec les probabilités [20]. »

## 4 – L'INVENTION DU HASARD

La chose peut sembler cocasse, mais c'est bel et bien par excès de déterminisme que l'homme en est arrivé au hasard. C'est en voulant l'anéantir une bonne fois pour toutes qu'il en a assis, au-delà de tout soupçon, l'existence. Existence « physique », concrète, d'abord, comme en témoignent le saut quantique ou la mort de l'atome. Notre propre corps est ainsi le lieu d'innombrables événements sans cause, sans but, d'électrons qui sautent inopinément et d'atomes qui rendent l'âme au petit bonheur la chance. Existence « épistémologique » ensuite : les théorèmes de Heisenberg et Gödel ont participé à détruire l'idée tenace

20. L'excès de confiance dans les statistiques peut, par ailleurs, également mener à leur manipulation à des fins plus ou moins honnêtes : en raison du couvert scientifique, objectif, et souvent arcane que revêtent les pourcentages, il devient facile de faire gober la lune à une foule crédule. Facile, en effet, de faire dire ce qu'on veut à un sondage : en sélectionnant le public interrogé par exemple, en dirigeant les questions, en masquant certaines informations, en appliquant telle méthode de calcul au détriment de telle autre...

que notre monde obéissait à un déterminisme radical, mécaniste, dans lequel tout fonctionnait selon la loi de la Cause et de l'Effet. Ils ont par là enterré la conviction que ce que nous ne connaissons pas parfaitement est lié à une ignorance à laquelle on pourrait un jour remédier : l'incomplétude et l'incertitude prouvent en langage mathématique que, dans certains cas, le fin mot de l'histoire est strictement hors de portée, que certains phénomènes échappent *nécessairement* à la connaissance.

Revenons donc à la question posée en ouverture de ce chapitre : le hasard est-il un bien ou un mal ? Tout dépend du point de vue. Si l'on s'arrête à ces remarques, on pourrait facilement se morfondre dans l'idée que rien ne va plus, et craindre qu'à tout moment, le monde se mette à se comporter sans aucune raison, au hasard, imprévisible et dangereux. Mais ce serait bien entendu faire une grossière erreur, car les hasards mis au jour ont toujours existé – ils n'ont rien du terrible virus élaboré dans le secret d'un laboratoire terroriste. Ainsi, qu'on ait découvert que des électrons se comportent de manière aléatoire dans mon corps n'empêche pas que j'aie les mêmes yeux chaque jour, ou que je me rappelle de la date d'anniversaire de ma mère (encore que...). Autrement dit, avec le recul suffisant, il est possible de saisir que, contrairement à l'idée commune, ordre et désordre ne s'excluent pas mutuellement : le chaos de l'infiniment petit mène à la structure à peu près solide de l'infiniment grand. Le hasard ne défait pas le tissu causal auquel on est habitué ; les deux coexistent en fait en bons voisins. On pourrait même parler de symbiose parfaite.

Pourtant, c'est au niveau épistémologique que l'« invention[21] » du hasard s'avère de loin la plus féconde. Le genre humain lui doit, en effet, deux formes complexes de contrôle (partiel) sur l'incertitude et l'aléatoire : la théorie du Chaos et les probabilités. Ces deux disciplines, complémentaires, reposent sur l'acceptation primordiale du hasard, condition *sine qua non* à l'élaboration d'outils permettant de mieux le comprendre. Ce n'est, en effet, pas en fermant les yeux sur une difficulté qu'on lui trouvera une solution. La théorie du Chaos est inestimable dans le sens où elle nous apprend que, en plus du désordre qui existe dans l'ordre, il y a également de l'ordre dans le désordre. C'est la raison pour laquelle cette théorie est, par exemple, un argument essentiel dans la bataille que livrent chaque jour parents et adolescents : non, chers parents, le capharnaüm qu'est la chambre de votre enfant n'est pas dépourvu d'ordre ; dans le chaos des vêtements, CD, planches, guitares, *Playboy* et autres articles de survie, existe un papillon. Quant aux probabilités, elles ont, dans l'absolu au moins, permis à l'homme de donner une assise plus rationnelle à certains de ses choix.

L'invention du hasard est par conséquent indéniablement un bien. Pour autant, il est impératif de ne pas s'illusionner sur le pouvoir *réel* que donnent à l'homme les différentes formes de manipulation du hasard que les sciences ont élaborées. Celles-ci traitent du probable, et même si elles en ont domestiqué quelques-uns des aspects, elles ne l'ont

21. Au sens où un spéléologue « invente » une grotte, c'est-à-dire est le premier à en découvrir l'existence.

nullement transformé en certitude. Ce que les sciences du hasard reflètent est suggestif, mais ce qu'elles dissimulent est essentiel. L'imprévu, l'incertain, le dessous des cartes et des bikinis, qu'on leur mette des chaînes, des racines carrées ou du maquillage, appartiendront toujours au domaine du hasard. Et comme tels, ils échapperont irrémédiablement à toute mise au pas définitive.

# Chapitre IV

# Le hasard et l'art

## L'art, technologie de pointe

Passez une après-midi à une exposition de Rembrandt, Michel-Ange, Léonard, Velœzquez ou tout autre peintre « classique ». Avancez lentement de tableau en tableau ; regardez l'extrême attention de l'artiste au détail, l'œil ici, le drapé là ; imaginez-le peignant avec minutie chaque millimètre de toile... Au terme de votre visite, peut-être vous demanderez-vous ceci : à leurs époques respectives, existait-il d'autres domaines de son activité dans lesquels l'homme faisait preuve d'une application pareille ? Aujourd'hui, bien sûr, il y a l'aérospatiale, l'automobile, et toutes les branches de la technologie de pointe. Mais avant la révolution industrielle ? Non, dans le passé, rien ne rivalisait avec l'art en termes de précision. Dans le passé, la technologie de pointe, c'était l'art. Qu'il s'agisse de sculpture, de sonnet, de tragédie ou de symphonie.

Dès lors, il semble clair qu'art et hasard ne peuvent faire bon ménage. La technologie de pointe actuelle ne supporte pas le hasard, ce qui est simple à comprendre : si, lors du processus de fabrication d'une fusée, un corps étranger (une plume, un chewing-gum, une bulle d'air, etc.) s'immisce dans le matériau recouvrant le réacteur ou la coque externe, la fusée explosera en vol. Du coup, pour envoyer une fusée dans l'espace, il faut supprimer de chaque étape de fabrication toute trace d'imprévu, d'approximation, d'inconnu. En art, ex-technologie de pointe, la situation paraît être la même. On dit ainsi que, dans un bon poème, aucun mot ne peut être altéré ou interverti, car le poète y aurait « aboli le hasard », il aurait pensé à tout, pesé toutes les alternatives, un peu comme l'équipe d'ingénieurs sur Ariane. Les exemples d'une imprécision ou d'un hasard fatals à l'art sont d'ailleurs nombreux. En découvrant après coup que le chapeau qu'il avait mis dans la main de sa statue de Napoléon était trop petit pour sa tête, Vital Dubray se serait suicidé. Stradivari a perdu plusieurs années en se rendant compte que le bois qu'il avait réservé à la confection d'un de ses chefs-d'œuvre comportait un nœud. De son côté, Corneille glissa par inadvertance un vers malencontreux au beau milieu de sa très sérieuse tragédie *Polyeucte* :

> Vous me connaissez mal : la même ardeur me brûle,
> Et le désir s'accroît quand l'effet se recule [1].

---

1. On raconte que Corneille aurait aussi écrit dans une tragédie moins connue le vers suivant : « Il sortit de l'arène comme un vieillard en sort. »

La leçon est claire : dans l'art aussi le hasard et l'inattention peuvent avoir des conséquences catastrophiques... Naturellement, en dépit de ce point commun, les deux disciplines sont loin d'être identiques. Ariane représente le strict opposé du *Penseur* : l'une est enfant de la science, l'autre des arts. La différence la plus importante, dans notre perspective, tient sans doute au fait que les sciences se rapportent, en gros, à la matière, et les arts à l'esprit. Autrement dit, le scientifique est contraint par la réalité physique du monde : que les fusées spatiales soient effilées plutôt qu'en forme de ballon de football n'est pas une lubie d'ingénieur, mais l'adaptation d'une volonté humaine aux lois de l'aérodynamique.

De leur côté, les arts, eux, n'obéissent en grande partie qu'aux idées de l'artiste. Des contraintes pèsent bien évidemment sur son travail, comme la société, la technique et l'esthétique caractéristiques de son époque. Par contre, et en règle générale, l'artiste jouit, dans les limites propres à son temps, d'une grande latitude créatrice : le *Voyage dans la lune* de Cyrano de Bergerac, les livres de Jules Verne, de Jonathan Swift, *La Divine Comédie* de Dante ou encore *Don Quichotte* de Cervantès en témoignent magistralement. Peu importe qu'on n'ait jamais vu ni l'enfer ni les lilliputiens : ce qui compte est que ces éléments fonctionnent comme œuvres de fiction. La réalité avec laquelle l'artiste est aux prises est principalement celle de la vraisemblance, plus généralement encore de l'esthétique. Si un roman, un poème, une sculpture ou un prélude plaît, le tour est joué, pas besoin de vérifier que la porte du père Goriot ferme *concrètement*.

Mais si en art, le créateur est livré à lui-même, il semble inévitable que, comme l'ont montré les exemples de Corneille ou Stradivari, l'imprévu, par une porte dérobée peut-être, se glisse dans l'œuvre. C'est bien connu : *errare humanum est.* Là où est impliqué l'homme, l'erreur n'est jamais très loin. Si Corneille avait fait relire sa pièce par une ribambelle d'aides et de logiciels spécialisés dans le repérage des vers malheureux, il aurait sans doute évité quelques moqueries. L'exemple est bien sûr trivial, mais il montre que l'art est lié de façon *organique* au hasard. Pas uniquement par accident donc, mais par nécessité. Mais ce serait faire fausse route que de penser que cette nécessaire intrication de deux notions apparemment aussi éloignées l'une de l'autre se réduit uniquement à l'erreur. Les rapports entre art et hasard sont, en effet, bien plus nombreux et complexes que ce premier niveau ne le laisse croire.

## 1 – LE HASARD DÉCLENCHEUR

« Le hasard bavarde. Le génie écoute. »
VICTOR HUGO

### L'inspiration

« Seul le hasard est parlant. »
MILAN KUNDERA

De tout temps, la notion d'inspiration a été indissociable de l'art. Que désigne-t-elle ? En gros, ce qui préside à la naissance d'une œuvre. L'inspiration, c'est l'idée qui est à la source, l'origine, le je-ne-sais-quoi qui sépare le néant du quelque chose. C'est elle qui se trouve derrière le château danois et le prince hanté par la mort de son père dans le *Hamlet* de Shakespeare, ou derrière Marie en robe noire sur fond rouge dans *L'annonciation* de Roger Van der Weyden. Le terme « idée » est toutefois assez trompeur. Il semble en effet présupposer un processus rationnel, logique, menant à l'œuvre. Si l'histoire ne rapporte pas les circonstances précises ayant conduit Shakespeare ou Van der Weyden à la leur, on connaît par contre celles qui ont présidé à plusieurs autres. Or, dans bien des cas, cette inspiration semble être advenue *par hasard*. Tout le monde connaît Léonard de Vinci, artiste, inventeur, scientifique, possiblement homosexuel. Mais à ses heures perdues, il enseignait également la peinture, et un des conseils les plus frappants qu'il donnait à ses étudiants était d'observer le genre de vieux mur craquelé et passé qu'on trouve dans toute bonne rue italienne qui se respecte. Pourquoi ? Pour y « trouver l'inspiration », ainsi qu'il l'explique dans son *Traité de peinture* : « Si tu regardes des murs souillés de beaucoup de taches, ou faits de pierres multicolores, avec l'idée d'imaginer quelque scène, tu y trouveras l'analogie de paysages au décor de montagnes, rivières, roches, arbres, plaines, larges vallées et collines de toute sorte. Tu pourras y voir aussi des batailles et des figures aux gestes vifs et d'étranges visages et costumes et une infinité de choses que tu pourras ramener à une forme nette et compléter. » Autrement dit, pour avoir une idée de tableau, pas besoin de trop se creuser la tête, il suffit de fixer les formes dessinées par les moisissures et fentes d'un mur croulant. Qui sait, le sourire si mystérieux de *Mona Lisa*, qui a donné lieu à tant d'essais, d'exégèses et de controverses, est peut-être tout bêtement né d'un de ces moments de contemplation murale.

En 1785, un Anglais du nom d'Alexander Cozens publia un livre intitulé *A New Method for assisting the invention in drawing original compositions of landscape*, dans lequel il reprit le flambeau de Vinci en expliquant que les *blots*, c'est-à-dire des taches réparties de façon aléatoire sur une feuille, peuvent constituer le point de départ d'un tableau. Plus proche de nous encore, le psychologue Rorschach adapta au début du XXe siècle cette technique pour établir des profils psychologiques. Son test consiste à demander à un individu d'expliquer ce qu'il voit sur des feuilles couvertes de taches d'encre obtenues par pliage. En (très) gros, si l'individu voit sur chacune des scènes de guerre, du sang, des membres déchiquetés et des têtes au bout de piques, il est possible qu'un peu d'aide psychologique soit la bienvenue.

Un autre exemple de hasard présidant non plus seulement à une œuvre ponctuelle, mais à un Œuvre entier, est à trouver chez André Breton, le fondateur du surréalisme. Hasard légèrement différent de celui de Vinci en ce sens qu'il n'est pas recherché, mais qu'il s'impose. Ainsi que Breton le raconte dans le *Manifeste du surréalisme*, publié en 1924, sa découverte de l'écriture automatique (technique d'écriture fétiche des surréalistes) eut lieu lorsqu'un soir, sur le point de s'endormir, il *visualisa* la phrase suivante : « Il y a un homme coupé en deux par la fenêtre. » Au reste, Breton n'est pas le seul à devoir l'idée de sa vie à l'imprévu. Pour preuve, deux importantes découvertes scientifiques qui furent inspirées, au moins pour la petite histoire, par des événements fortuits. La première est celle d'Archimède, le mathématicien grec qui traversa les rues de Syracuse dans son plus simple appareil en criant le fameux « Eurêka ! » Mais eurêka quoi ? Le principe d'Archimède bien sûr, qui dit que « tout corps plongé dans un fluide reçoit de la part de celui-ci une poussée verticale, dirigée de bas en haut, égale au poids du volume de fluide déplacé ». Concrètement, il pouvait dès lors aider son roi à déterminer si l'orfèvre auquel il avait donné une certaine quantité d'or pour se faire faire une couronne l'avait trompé sur la marchandise. Grâce à son principe, Archimède démontra que, même si la couronne pesait autant que la quantité d'or initiale, elle contenait une part non négligeable d'argent, deux fois moins dense (et précieux...) que l'or, et prenant donc deux fois plus de place à poids égal. Maintenant, à quoi Archimède dut-il son inspiration, et l'orfèvre son exécution ? À l'eau que le mathématicien fit déborder en entrant dans un bain des thermes un peu trop rempli...

L'autre exemple, plus connu encore, de scientifique à avoir été *frappé* par l'inspiration par un hasard trivial est Newton. En fait, la croyance commune selon laquelle il aurait reçu la fameuse pomme sur la tête est probablement fausse ; par contre, il l'aurait bel et bien vue tomber, alors qu'il réfléchissait à ce qui allait devenir, grâce à elle, sa loi de la Gravitation. Cette loi postule que toute matière exerce une force d'attraction sur les corps environnants, et elle lui permit d'expliquer, entre autres, pourquoi le système solaire est tel qu'il est. Un certain Stukeley rend compte, en 1752, dans ses *Memoirs of Sir Isaac Newton's life*, d'une discussion qu'il eut avec Newton, accréditant l'histoire du fruit : l'idée de la gravitation « fut occasionnée par la chute d'une pomme, alors qu'il était assis dans un état d'esprit contemplatif. Pourquoi cette pomme doit-elle sans cesse chuter verticalement au sol, se demanda-t-il par-devers lui ? Pourquoi ne peut-elle aller de côté, ou monter, au lieu qu'elle chute toujours vers le centre de la terre ? Assurément, la raison en est que la terre l'attire. Il doit y avoir une force d'attraction dans la matière : et la somme des forces d'attraction dans la matière de la terre doit se trouver au centre de la terre, nullement sur aucun côté de la terre. Aussi cette pomme chute-t-elle perpendiculairement, ou vers le centre. Si la matière attire la matière, ce doit être en proportion de sa quantité. Donc la pomme attire la terre aussi bien que la terre attire la pomme. Qu'il y a une force [...] qui s'étend à travers l'univers. » Autrement dit, sans la pomme de Newton, on en serait peut-être encore à croire, avec Aristote, que si la pierre tombe, c'est parce qu'elle veut retourner dans sa sphère d'origine (terre), qui est au centre des trois autres sphères « élémentales » (eau, air et feu).

### Les interprétations de l'inspiration

On vient de le voir, les cas d'inspirations à mettre au compte du hasard ne sont pas, comme on le croit parfois, rares, bien au contraire. Bien souvent, le hasard semble jouer le rôle de déclencheur, de *gâchette* intellectuelle ou artistique. Mais s'agit-il bien d'un hasard ? À en croire les différentes interprétations que la notion d'inspiration a reçues à travers les âges, on peut en douter. L'explication la plus répandue, et la plus ancienne, est celle des Muses. Dans l'Antiquité, chaque art avait sa patronne. Elles furent d'abord au nombre de trois : Mélété (la Pratique), Mnemé (la Mémoire) et Aœdé (le Chant). Étymologiquement et historiquement, les Muses ont partie liée avec la mémoire : « muse » se rapproche du latin *mens* (et de l'anglais *mind*), ce qui n'a rien d'étonnant étant donné la dépendance des premiers poètes – appelés d'ailleurs « aèdes » – à la capacité de se *souvenir*, puisque soit ils ne savaient pas lire, soit le support écrit était trop cher ou encombrant[2].

La croyance en les Muses repose sur l'idée qu'une instance supérieure, en quelque sorte « déesse » d'un art, choisit les personnes amenées à la représenter. Être auteur de tragédie, comme Sophocle, n'avait de sens que si l'on était favorisé par Melpomène. Tout le monde n'est pas égal face à la création, il y a les élus et les autres. Or, ces élus ne sont pas vraiment maîtres à bord : ils sont pris de fièvres créatrices (le fameux « feu sacré » du poète), qui sont autant de manifestations de leurs Muses respectives. Platon parle, lui, « d'enthousiasme » au sens fort, c'est-à-dire que l'individu est *saisi*, forcé en quelque sorte à la

2. Pour information, lorsque Hésiode écrivit sa célèbre *Théogonie*, il se débarrassa des trois premières Muses, et en énuméra neuf nouvelles : Calliope (Poésie épique), Clio (Histoire), Euterpe (Musique), Terpsichore (Poésie légère et Danse), Érato (Lyrique Chorale), Melpomène (Tragédie), Thalie (Comédie), Polymnie (Pantomime) et Uranie (Astronomie).

création. Il y a probablement plus de références à la ou aux Muses dans la poésie européenne que de grains de sable sur toute plage de taille honorable, mais en voici quelques-unes, sélectionnées au hasard de ma bibliothèque. Les deux premières sont tirées des *Regrets* de Joachim du Bellay, un recueil de sonnets datant de 1558 :

> Pour ce me plaît la douce poésie,
> Et le doux trait par qui je fus blessé :
> Dès le berceau la Muse m'a laissé
> Cet aiguillon dedans la fantaisie.

On remarquera le « trait » de la Muse, et la blessure qui dès l'enfance le destina à l'écriture (la « fantaisie »).

> Où sont ces doux plaisirs, qu'au soir sous la nuit brune
> Les Muses me donnaient, alors qu'en liberté
> Dessus le vert tapis d'un rivage écarté
> Je les menais danser aux rayons de la lune ?
> [...]
> De la postérité je n'ai plus de souci,
> Cette divine ardeur, je ne l'ai plus aussi,
> Et les Muses de moi, comme étranges, s'enfuient.

où l'on retrouve les idées d'enthousiasme avec « ardeur », qui devient « fureur » dans d'autres sonnets, et d'entité supérieure avec « divine » – entité d'ailleurs capricieuse, si l'on en croit le dernier mot.

Au XIXe siècle, Gérard de Nerval, l'auteur des *Chimères*, donna une nouvelle illustration du supplice de l'artiste dans un poème de jeunesse :

Là l'enfant d'Apollon par ses accents enchaîne
Une foule empressée et qui respire à peine,
Il en sait à son gré disposer les esprits,
Tantôt aux spectateurs étonnés, attendris,
Il sait communiquer le beau *feu qui l'inspire*,
Et tantôt sur leur bouche il enchaîne un sourire [3].

Alfred de Musset, l'auteur des vers « Les plus désespérés sont les chants les plus beaux/Et j'en sais d'éternels qui sont de purs sanglots », est aussi célèbre pour ses *Nuits*, des poèmes mettant en scène la Muse et le Poète. *La Nuit de mai* est particulièrement intéressante : on l'y voit comparer le poète au pélican qui, n'ayant pas trouvé de nourriture à donner à ses petits, leur offre son cœur en pâture. Le double message est clair : d'abord le poète souffre (ce qui rejoint l'idée de « feu », de fureur, de force incontrôlable prenant possession de l'artiste), et ensuite le poète n'appartient pas à la plèbe – il est suffisamment important pour se donner en sacrifice au *vulgum pecus*. Bien entendu, le contexte romantique dans lequel écrivait Musset n'est pas à mésestimer, mais, au juste, les romantiques ne font que pousser à ses limites l'idée d'inspiration. L'idée du « génie » est souvent associée au romantisme, et ce à juste titre : Hugo, père français du mouvement, n'hésitait pas non plus à se prendre pour le détenteur privilégié d'un savoir utile à l'humanité entière. Ce qui, par rapport à la poésie des siècles précédents, change avec le romantisme, c'est que ses thuriféraires sont convaincus qu'ils en savent plus que tout le monde ;

3. Italiques de l'auteur.

certains se permettent même de donner leur avis sur des choses qui n'ont rien à voir avec l'art. En somme, ils ne sont pas doués pour l'art, ils sont *doués*, point final, doués sans précision, et partant, tout ce qu'ils font ou pensent est pris, ou risque d'être pris, pour une action ou une pensée inspirée, c'est-à-dire spéciale.

Ce genre de phénomènes, soit dit en passant, se retrouve sans mal aujourd'hui, et à un niveau plus inquiétant peut-être, lorsque les foules idéalisent un sportif ou un chanteur au point de porter les mêmes vêtements, de copier leur manie, voire d'adopter leur discours. Parce que quelqu'un est jugé bon dans un domaine, il n'est pas rare de penser que cette qualité ne se restreint pas qu'au domaine particulier de la création, mais caractérise l'être entier. Ce qui est aussi ridicule que de dire que les personnes qui donnent de l'argent aux clochards du coin sont des saints, ou à l'inverse de critiquer *La Chute* parce que le film montrerait un Hitler « humain » – depuis quand les tyrans et autres exterminateurs en masse sont-ils censés ne pas pouvoir embrasser une fillette sur la joue, ou pleurer ?

Étant donné l'importance millénaire des Muses, les tourments dont elles sont responsables, le feu et la fureur qu'elles provoquent, ce n'était qu'une question de temps avant que, par extension, elles en vinssent à désigner l'être aimé. L'analogie est directe : la personne aimée procure une énergie inhabituelle ; elle provoque la passion qui, comme l'inspiration, est incontrôlable, irraisonnable, et qui, comme elle, peut facilement passer de source de bonheur illimité à source de douleurs incommensurables.

Cette comparaison n'est bien sûr pas le fait des romantiques : on la trouve chez les poètes de la Pléiade, avant eux chez Pétrarque, et avant encore dans les écrits d'Anacréon, Ovide ou Sappho. Cela dit, il est évident que Hugo, Lamartine, Vigny et les autres romantiques l'ont développée et fixée dans notre imaginaire.

À côté de ces différentes Muses, une autre explication du phénomène de l'inspiration a été avancée, qui est d'ailleurs aujourd'hui largement plus partagée. Étant plus fidèle à notre esprit positiviste, elle apparaît par conséquent plus plausible, et est donc moins poétique. Somme toute, les inspirations d'Archimède et de Newton semblent logiques : l'événement qui a révélé son idée à chacun des deux scientifiques était lié à leur questionnement intellectuel. Autrement dit, même s'il y a une certaine dose d'imprévisible dans ces inspirations, il existe un rapport étroit entre l'eau du bain qui déborde et le corps d'Archimède. On peut même avancer que les deux événements déclenchent moins l'inspiration (passage du rien au tout) qu'ils n'ouvrent les yeux des deux scientifiques (découverte du mot sur le bout de la langue).

Ceci étant, l'enthousiasme n'est pas toujours aussi « logique ». Un célèbre exemple d'inspiration du type « coq à l'âne » est celui d'Henri Poincaré, un des grands mathématiciens français, qui découvrit les fonctions fuchsiennes en montant dans un omnibus :

> À ce moment, je quittai Caen, où j'habitais alors, pour prendre part à une course géologique entreprise par l'École des Mines. Les péripéties du voyage me firent oublier mes travaux mathématiques ;

> arrivés à Coutances, nous montâmes dans un omnibus pour je ne sais quelle promenade ; au moment où je mettais le pied sur le marchepied, l'idée me vint sans que rien dans mes pensées antérieures parût m'y avoir préparé, que les transformations dont j'avais fait usage pour définir les fonctions fuchsiennes étaient identiques à celles de la géométrie non euclidienne. Je ne fis pas la vérification : je n'en aurais pas eu le temps, puisque, à peine assis dans l'omnibus, je repris la conversation commencée, mais j'eus tout de suite une entière certitude. De retour à Caen, je vérifiais le résultat à tête reposée pour l'acquit de ma conscience.

Ici, l'inspiration frappe au hasard l'homme de génie, ce qui rappelle fortement les Muses. Mais cette fois, l'hypothèse avancée est celle de l'inconscient. Cette notion a été popularisée par Sigmund Freud, mais au juste, elle ne lui revient pas. L. L. Whyte, dans *The Unconscious before Freud*, a montré que « l'idée de mécanismes mentaux inconscients était, pour plusieurs de ses aspects, concevable aux alentours de 1700, d'actualité vers 1800, et entra en vigueur vers 1900 ». Parmi ceux qui se sont intéressés à l'idée figurent des gens comme le physicien Carus, le poète et penseur Goethe, le psychologue Fechner, et même les philosophes von Hartmann, Schopenhauer et Nietzsche. L'inconscient dont il est question ici n'est donc pas tant la notion psychanalytique qu'un terme décrivant de façon assez lâche ce dont on n'a pas conscience au moment des faits. Dans ce sens, l'inspiration de Poincaré s'explique en ce que son esprit continua à réfléchir à la question qui occupait sa vie consciente, quand bien même sa conscience n'y pensait pas.

Cette conception n'a rien de révolutionnaire, et elle n'est pas non plus propre aux XIXᵉ ou XXᵉ siècles, comme en témoigne le fameux dicton : *La nuit porte conseil.* Qu'est-ce qu'il signifie, sinon que notre esprit *veille* bel et bien lorsque notre conscience dort ? Qu'il veille et tergiverse ? André Breton était tellement persuadé du nombre de « solutions » contenues dans l'inconscient, de ses « pouvoirs » en somme, qu'il passa la majeure partie de son existence à essayer de le faire émerger dans la vie consciente. Selon cette interprétation, et en dépit du fait que les idées adviennent à l'improviste, il n'y a rien de particulièrement hasardeux non plus à l'inspiration. Mais au lieu d'être due à des Muses, êtres extérieurs et transcendants, elle revient ici à l'individu lui-même.

Freud, en approfondissant l'étude de l'inconscient, n'a pas donné d'explication à l'occurrence d'inspirations précises comme celles de Newton, Breton ou du Bellay, mais il a proposé une théorie originale de l'Inspiration, qui mérite qu'on s'y arrête quelques instants. Selon lui, l'art n'est qu'une alternative formelle à l'hystérie, à la névrose et à la perversion sexuelle. Or, à ses yeux, ces trois « anomalies » psychologiques sont attribuables à la répression d'éléments prégénitaux – c'est-à-dire datant d'avant la puberté – de l'instinct sexuel, répression qui entraîne l'arrêt du développement sexuel et l'impossibilité d'une vie sexuelle satisfaisante par la suite. Ce qui est gênant, étant donné que Freud pensait qu'une vie sexuelle satisfaisante était la condition *sine qua non* du bonheur, ou si vous voulez de l'équilibre psychologique. En gros, si votre sport en chambre (ou ailleurs) ne vous comble pas, c'est que quelque chose de signifiant vous est arrivé enfant, et que ce quelque chose a déréglé votre libido. La plupart du temps, vous ne savez pas ce qu'est ce quelque chose, car votre inconscient le garde enfoui au fin fond de votre psyché. En d'autres termes, il réprime un mauvais souvenir. Mais ce faisant, il crée également une tension psychologique qui peut donner lieu à des manifestations et des comportements inhabituels, tels que la névrose, l'hystérie ou la perversion.

Ou, donc, l'art. Car l'art est lui aussi répression, ou plutôt *sublimation*. Au lieu de subir la répression et l'insatisfaction inévitables de sa libido et de les exprimer sous des formes névrotiques ou perverses, l'artiste sublime en créant. En somme, il trouve dans l'art une façon de garder le contrôle de ses tendances névrotiques – il sublime ses impulsions. D'où le fait, expliquent les homophobes, que les artistes soient « si souvent » homosexuels. Car l'homosexualité est, qui ne le sait pas, une perversion sexuelle évidente. Imaginez donc la quantité de mauvais souvenirs enfouis chez les artistes homosexuels fétichistes légèrement hystériques !

Bien entendu, Freud n'allait pas faire de telles déclarations sans quelques études de cas. C'est ainsi qu'il a travaillé sur Léonard de Vinci, affirmant que ses créations prenaient leur source dans une homosexualité réprimée et des tendances œdipiennes pas tout à fait assumées. Dostoïevski n'a pas beaucoup plus de chance : la violence de ses romans, ses tendances sadomasochistes et ses paris compulsifs auraient en effet pour origine la supposée violence de son père. Ce qui aurait conduit chez Dostoïevski-fils à un conflit ouvert entre la révolte masculine (sadique) et la soumission féminine (masochiste).

Michel-Ange, lui aussi, a droit à une psychanalyse gratuite à distance... Que les lecteurs qui trouvent leur vie sexuelle moyenne, voire frustrante, se rassurent donc : encore un effort vers le bas, et vous allez peut-être devenir artistes.

Plaisanteries de ma part et réductionnisme [4] de Freud mis à part, ce que la psychanalyse a aidé à mettre en valeur est que la vie consciente est beaucoup plus dépendante de sa partie cachée qu'on ne l'avait pensé. La part de notre « contrôle » sur notre propre vie est à revoir à la baisse. Autrement dit, il existe des facteurs dont on n'a pas forcément conscience et qui influencent plus ou moins notre existence, nos choix, nos goûts. Ces facteurs peuvent rester entièrement cachés, mais parfois aussi ils font surface sous la forme de rêves, de lapsus [5], voire de créations artistiques. Ces trois domaines peuvent donner lieu à analyse, et avoir une signification particulière dans la vie psychique de l'individu. Rêver, faire un lapsus ou peindre un portrait ne sont pas des activités innocentes pour Freud. Voilà pourquoi elles donnent si souvent lieu à interprétation, que ce soit de la part du psychanalyste ou du critique d'art.

Ce qui ressort de ces différentes perspectives est que, malgré les apparences, l'inspiration n'est pas quelque

4. Voire erreurs factuelles : l'interprétation du rêve de Léonard de Vinci repose en grande partie sur une erreur de traduction – Freud lie le vautour du rêve et le rapprochement dans la mythologie égyptienne entre le vautour et la mère pour étayer son analyse ; cela dit, dans l'original, Vinci ne parle pas de « vautour », mais de « milan ». Même chose pour Dostoïevski, dont la psychopathologie repose sur des informations relatives à son père qui se sont révélées fausses après coup.

5. En anglais, le lapsus est communément appelé le *freudian slip*, littéralement le « faux-pas freudien ».

chose qui vous tombe dessus par hasard. L'inspiré est *choisi,* ce qui peut se comprendre de plusieurs façons, mais revient finalement à dire qu'il y a les inspirés, et qu'il y a les autres. Autre caractéristique d'importance : l'inspiration vient à celui qui la cherche. Autrement dit, il est difficile d'écrire un roman sans le faire exprès, sans le vouloir, et si Poincaré avait étudié les « chevaliers-paysans de l'an mille au lac de Paladru [6] », il y a fort à parier qu'il n'aurait pas découvert les fonctions fuchsiennes, même en montant sur un marchepied. Il y a donc prédisposition de l'artiste à être inspiré, des facteurs explicatifs à son inspiration. Les Muses, ou l'inconscient, ne sont pas aveugles.

## Les aléas de la vie

D'un côté, il est difficile de ne pas être d'accord avec cette conclusion : qui nierait en effet qu'une œuvre a une cause ? Ceci dit, est-ce suffisant de dire qu'une œuvre a une cause pour la débarrasser une fois pour toutes du hasard ? Pour être plus précis, une notion comme l'inconscient montre le lien causal existant entre l'origine de l'œuvre et celle-ci : mais que dit-elle de l'origine elle-même ? Rien. Et c'est en cela que l'inconscient jamais n'abolira le hasard. En fait, il s'en nourrit, il vit à ses dépens. L'œuvre d'art, pour justifiable que son existence soit *a posteriori,* repose fondamentalement sur ce que le monde et la vie offrent à son créateur.

6. Merveilleux sujet d'étude tiré du film *On connaît la chanson,* d'Alain Resnais (1997).

En effet, dans un grand nombre de cas, l'étincelle artistique ne doit pas d'être à une démarche inconsciente ou aux injonctions des Muses, mais plus simplement aux caprices de l'existence. Dans *The Black Swan*, Taleb affirme ainsi que « presque aucune découverte, aucune technologie qui se respecte, n'est le fruit de la planification – elles sont simplement des cygnes noirs ». Le même constat vaut bien sûr pour l'art. Par exemple, combien de poèmes, de pièces, de tableaux sont la conséquence d'un coup du sort ? Il est bien sûr impossible de donner des chiffres, mais, on s'en doute, la quantité en est astronomique. Pourquoi ? Pour la bonne et simple raison que la déception, la tristesse, la détresse et toutes les émotions vives, nées bien souvent d'événements inattendus, sont propices à l'art. De la même façon qu'il est difficile de trouver un grand roman décrivant une vie parfaite, dans laquelle tout se passe bien et où l'imprévu ne réserve jamais que de bonnes surprises, il est difficile d'envisager la création de grandes œuvres d'art dans un contexte idyllique. En somme, s'il n'y a plus rien à sublimer, pourquoi l'art ? Dans un monde où les problèmes n'existeraient pas, l'art serait inutile. C'est en tout cas ce que sous-entendait Freud. Parce qu'elle est une mine d'aléas, l'existence est par là même une mine d'inspiration pour les artistes qui, volontairement ou pas, agissent comme des vampires sur leurs émotions, s'en servent, les catalysent et les transforment en œuvres.

Que l'on soit d'accord ou pas avec la chose, il est pourtant un fait que les grandes passions, au sens étymologique, par nature troublantes et enflammées, ont alimenté et alimentent encore les écrivains, les compositeurs et les peintres. Il suffit de penser à l'amour déçu de Musset pour Sand, à Lamartine, à Ronsard, à Arvers, Racine, Chopin, Monet, Gauguin et bien d'autres encore. Il faut donc accepter cette vérité, chère à George Steiner : tragédie et chef-d'œuvre sont intimement liés. De façon assez retorse, cette imbrication explique dès lors que la guerre, la maladie, l'imminence de la mort, en bref les situations extrêmes donnent souvent lieu à une effervescence créatrice. Comme toute autre passion, celles-ci sont, elles aussi, imposées de l'extérieur, menacent de désorganisation et exacerbent les sentiments. Elles suscitent l'effroi, la peur de l'incertain, la certitude de la fin, mais dans le même temps, elles décuplent le goût de vivre ; tout se passe comme si le chaos associé à ces états extrêmes avait le pervers pouvoir d'agir comme révélateur, de débarrasser l'homme du superflu, de le mettre en face de l'essentiel.

Les poèmes écrits au front par Apollinaire sont parmi ses plus beaux ; un des textes les plus célèbres d'Éluard, intitulé *Liberté*, fut lâché d'avion sur les maquisards français ; Jean Cassou a composé ses sonnets sans support écrit, dans sa tête, alors qu'il était détenu par les Allemands ; le *Requiem* inachevé de Mozart a été écrit en prévision de sa propre mort ; Robert Desnos, qui décéda des suites d'une maladie en camp, a rédigé des lettres et des poèmes magnifiques à sa femme ; Paul Klee a peint des tableaux essentiels au moment même où la guerre devenait inévitable, et son sort plus qu'incertain…

Naturellement, il serait trompeur d'insinuer que les aléas individuels ou collectifs débouchent toujours sur un feu de joie artistique : combien de génies inconnus se sont ainsi découragés au bout de quinze rejets par les éditeurs, gardant pour toujours leur chef-d'œuvre pour eux, ou le détruisant ? Combien de peintres majeurs en devenir ont péri lors de la révolution culturelle chinoise ? Combien de Césaire en puissance n'ont pas survécu aux soulèvements d'Afrique ou des Caraïbes ? Combien d'*Iliade*, de *Pantagruel*, de *Cent Ans de solitude* ou de *Baron perché* ont disparu avec leurs auteurs à la suite d'un tremblement de terre, d'un accident de voiture, d'un incendie criminel, d'une crise cardiaque, de la peste, d'un missile, ou d'une conjointe peu versée en littérature ? Une des œuvres les plus éclairantes de l'histoire littéraire du XX^e^ siècle doit son existence au simple fait que Max Brod, l'exécuteur testamentaire de Franz Kafka, refusa d'obéir à son ultime requête : brûler ses manuscrits. Bien malin celui qui pourrait affirmer que tous les Max Brod du monde en ont fait de même depuis Homère.

## 2 – LE HASARD ARTISTE

### Le beau dans l'art versus le beau dans la nature

Le point commun à tous les cas de « hasard déclencheur » est qu'ils impliquent à la fois le hasard et l'homme. Le premier y est relégué par le second. En un sens, ce type précis d'intervention du hasard met aussi bien en avant la diversité et le caractère inévitable de celui-ci que les ressources d'inventivité, d'adaptation et de « tolérance » (comme on parle de tolérance des matériaux) du genre humain. Mais il existe également un genre singulier d'aléatoire qui, bien qu'entrant dans le domaine de l'art, n'entretient aucun rapport avec le créateur. Parfois, en effet, il arrive que le hasard crée *directement*, sans aide extérieure aucune, ce qui semble ressortir au domaine du beau. Emmanuel Kant, le philosophe allemand – qui d'ailleurs était si gravement allergique au hasard que les gens habitant sur le chemin de sa promenade quotidienne[7] se fiaient à son passage pour remonter leurs horloges –, a été un des premiers à s'interroger sur le statut esthétique des paysages, et plus généralement de la nature. Étrangement, il semblerait que celle-ci ne soit devenue objet de contemplation esthétique que tardivement et, à une époque où la philosophie de l'art commençait à poindre le bout du nez, il devenait important de différencier, si possible, le beau dans l'art du beau dans la nature. Au juste, il est assez facile d'établir des distinctions entre les deux : le premier est, normalement, intentionnel, il est censé représenter un idéal, faire preuve d'une grande maîtrise du médium utilisé, etc., alors que le second est, on l'aura deviné, le fruit du hasard, et est donc dépourvu d'intention, ne s'adresse à personne, ne représente rien et n'implique aucune maîtrise.

Des centaines de traités philosophiques ont été consacrés à la question, et il peut être intéressant, dans un but

7. Qu'il n'a sauté qu'une fois, le jour où il apprit la prise de la Bastille.

théorique, de s'y reporter. Toutefois, en pratique un fait très simple demeure : certains paysages, comme une clairière ensoleillée, un ruisseau de montagne, une baie tropicale, les tables géologiques rouges d'Amérique, certains objets naturels tels qu'une orchidée, un phaéton, un cerveau de Vénus, une vague, etc., peuvent nous sembler *beaux*. Il faudrait demander aux spécialistes d'esthétique expérimentale si, psychologiquement ou physiologiquement, la réponse à une belle œuvre d'art est la même qu'une réponse à une belle vallée alpine. Mais, encore une fois, une telle réponse n'a d'intérêt que théorique, car dans les faits l'impression paraît identique. L'Unesco nous en fournit d'ailleurs une confirmation involontaire, puisque l'organisme élève au rang de patrimoine mondial de l'humanité aussi bien des sites « humains » (villes, quartiers, monuments, etc.) que des sites naturels (parcs, baies, embouchures, etc.). Toutefois, il faut concéder qu'on ne parle pas à proprement parler d'art lorsqu'on admire la pointe d'Arugam (Sri Lanka), la baie des Saintes (Guadeloupe) ou le Slovensky Raj (Slovaquie). Ces endroits sont beaux, peut-être, mais pas « artistiques » pour autant.

### La nature artiste ?

Il existe cela dit des objets naturels qui figurent dans une espèce d'entre-deux flou entre la nature et l'art : ce sont les *driftwoods*[8], ces morceaux de bois sculptés par l'eau ou le

8. *To drift* signifie « dériver » en anglais. Le *dritfwood* est un morceau de bois qui dérive.

vent, et tous les objets similaires qui donnent l'impression d'avoir été *créés par l'homme* (certains nuages, certaines roches, etc.). Au contraire d'une baie ou d'une fleur, il y a dans ces objets confusion de genres, car la nature s'y mêle à la culture, elle semble imiter le travail de l'homme, alors que c'est normalement l'inverse. Tout se passe comme si la nature était soudain devenue artiste, qu'elle avait *voulu* donner la forme d'un éléphant à ce bloc de granit, ou cette gracieuse silhouette de danseuse à cette bûche de chêne échouée. Certains décorateurs d'intérieur mettent d'ailleurs ces *driftwoods* sur un pied d'égalité avec les sculptures humaines, et il est possible de trouver des « musées » ou des collections de ces mystérieux morceaux de bois. Pas si « mystérieux », en fait : il est probable qu'une étude statistique de ces nuages et *driftwoods* révèlerait qu'ils correspondent à la moyenne mathématique attendue de « monstres » de la nature. Ce sont des accidents, des *elephant things*. Le hasard, décidément, fait parfois bien les *choses*.

Cette confusion, alliée à la perception de plus en plus « esthétique » de la nature, a conduit certains artistes à renverser la démarche artistique. Alors qu'avant, le créateur amenait l'extérieur dans la galerie ou le musée, qu'il s'accaparait le monde pour en faire de l'art, qu'il le pliait à ses moindres exigences (comme dans la sculpture, où le matériau est physiquement manipulé de façon à répondre aux intentions du sculpteur), le *Land artist* travaille au sein de la nature, avec elle, et mieux, lui *laisse la main*. En particulier aux débuts du Land art, mouvement né dans les années soixante, l'œuvre n'était la plupart du temps accessible au grand public que par le biais de photographies, qui témoignaient de son existence isolée. Pour la voir *de visu*, il fallait parfois consentir des efforts non négligeables, ainsi que le montrent ces indications pour *Double Negative* de Michael Heizer : « Après vous être inscrits à l'aéroport, montez la route jusqu'au côté ouest de la mesa. Après la décharge, la route se change en chemin de terre. Quand vous arrivez au sommet de la mesa, vérifiez votre kilométrage et continuez tout droit à travers la mesa (ne prenez ni la première route à droite ni la première route à gauche). Après avoir roulé 2,6 miles, regardez bien à gauche et tournez dès que vous le pouvez (à 2,8 miles) sur le petit chemin de terre qu'il est facile de manquer. Vérifiez à nouveau votre kilométrage. »

Le Land art est parfois appelé « art écologique », car plusieurs de ses adeptes n'utilisent que des matériaux naturels : les étonnants disques ou murs d'Andy Goldsworthy, les lignes de Richard Long, les nids de Nils-Udo, reposent uniquement sur ce que la nature offre. Dans le fond, peut-être n'est-ce pas une démarche aussi nouvelle qu'il y paraît : après tout, les hommes préhistoriques dans leurs grottes, les Nazcas avec leur *Colibri*, les hommes de l'âge de bronze avec leur *Cheval d'Uffington*, tous en faisaient de même. Mais dans le contexte du XX^e^ siècle, la démarche est particulièrement frappante : il s'est agi de rediriger l'attention de l'homme unidimensionnel vers les « fondamentaux », et de critiquer le système qui s'était emparé de l'art.

Pour autant, l'apport le plus important du Land art tient, à mon sens, dans son intégration du temps dans l'œuvre d'art. Le temps n'avait jamais existé en art auparavant. L'œuvre était censée être éternelle ; elle représentait une perfection en elle-même, et toute trace de vieillissement était une atteinte à son intégrité artistique. D'où les efforts mis à restaurer et à protéger les peintures, les sculptures, les manuscrits. Bien sûr, le temps existait en musique, car elle repose sur des mesures, un tempo, une série de mouvements, etc. Mais le temps était l'esclave de la composition, celle-ci ne se souciait de lui que dans la mesure où la musique est durée, et que la durée appartient au temps. Après ça, le concerto est parfaitement statique : le temps ne le change pas *fondamentalement*, qu'il soit joué à Prague en 1861 ou à New York en 2007. La composition est fixe, le temps est son serviteur, il n'exerce aucune influence sur elle.

Le Land art adopte l'attitude contraire : le temps n'est plus extérieur à l'œuvre, il devient un de ses outils principaux. *Spiral Jetty* de Robert Smithson en est un exemple emblématique. L'œuvre consiste en une « jetée » de terre gagnée à force de bulldozers sur le Great Salt Lake, dans l'Utah. Le début de la jetée est perpendiculaire à la rive du lac, puis commence à s'incurver en spirale après plusieurs dizaines de mètres (l'ensemble fait près de 500 mètres de long, sur 5 de large). Voilà donc l'œuvre – si l'on se place dans une optique artistique traditionnelle. Mais ce que *Spiral Jetty* cache, c'est qu'elle ne devient véritablement elle-même que lorsqu'on inclut le temps dans l'équation. Au bout de quelques jours, le contact du sel et de la terre commence à donner naissance à des algues roses. Mieux encore, la *Jetty* a été construite sur un lac dont Smithson savait pertinemment que son niveau allait monter : or, au fur et à mesure de l'élévation du niveau de l'eau, les couleurs changent encore, la largeur de la jetée diminue, puis elle finit par disparaître complètement sous les eaux. Au contraire de *Guernica* de Picasso ou *Le Pont Taikobashi et la colline Yuhinooka à Meguro* d'Hiroshige, *Spiral Jetty* a duré, elle a mené une vie, passagère donc, une vie qui l'a vue être gagnée par le temps, et rattrapée finalement par la mort. L'œuvre subsiste en souvenir, par le biais de photographies. Le Land art n'est pas figé, il imite la nature en ce qu'elle passe, qu'elle est fugitive, éphémère, rapprochant ainsi l'art de l'expérience humaine. Contre l'illusion (l'*hubris* ?) d'éternité véhiculée par l'art traditionnel, le Land art suggère que rien ne se crée, rien ne se perd, tout se transforme. Rien n'est au-dessus du temps, et penser le contraire est possiblement un mauvais service que se rend l'homme.

Cette conception est, depuis, devenue un quasi-poncif de l'art dit postmoderne : on ne compte plus les œuvres – vidéo en particulier – qui travaillent avec le temps, filmant par exemple une pêche pendant quatre mois et passant le résultat en accéléré pour montrer le processus de pourrissement. Certains critiques voient dans cette recrudescence un reflet de la vitesse à laquelle change notre monde, une métaphore de notre manque de repères, déplorant indirectement la perte des « grands récits » – les valeurs transcendantes – dont parle Jean-François Lyotard dans son séminal *La Condition postmoderne*. Il est vrai que jusqu'au XIX^e^ siècle au moins, l'art était supposé capturer et exprimer l'éternel et l'idéal. Mais quelqu'un comme Baudelaire avait bien senti que le vent tournait. Ainsi qu'il l'explique dans un article : « La modernité, c'est le transitoire, le fugitif, le contingent, la moitié de l'art, dont l'autre moitié est l'éternel et l'immuable. » Et, même si son cœur penchait pour le second terme, il est indéniable que l'art du XXe siècle a particulièrement insisté sur le premier, abandonnant aux « rétrogrades » et autres « traditionalistes » l'idée que l'art visait les vérités immuables [9].

Ceci ne signifie pas que l'art soi-disant débarrassé de l'utopie d'éternité se soit pour autant jeté inconditionnellement dans les bras du temporel. En effet, la reconnaissance de la fin de la transcendance (de l'éternel) ne correspond étrangement pas à celle de l'avènement du temporel. C'est en cela que plusieurs critiques discernent dans la postmodernité et son art de plus en plus « temporel » un signe de détresse. Ce n'est pas le temporel en lui-même qui révèle cette détresse, ce manque de repères, c'est le fait qu'il soit utilisé *à défaut* d'autre chose. En somme, il existe deux recours opposés au temps dans l'art du XXe siècle : le premier n'en accepte pas les prémisses et les leçons, au contraire du second. Car comprendre le temporel implique de faire le deuil de présupposés rassurants et de changer de perspective globale sur l'art, mais surtout sur la vie, comme on le verra plus tard. Personnellement, je n'ai rien contre l'éternel. Toutefois, il faudrait commencer à comprendre

---

9. Vue partielle si l'on considère que le Land art, par exemple, n'est que le résultat d'une ré-interprétation de la mimésis antique : le monde n'est plus compris comme fondé sur des essences, sa vérité dernière étant la fluidité, l'éphémère.

que si l'on croit s'en être débarrassé, ce n'est qu'en apparence. Or, tant qu'il rôdera dans un coin de nos têtes, on ne pourra embrasser le reste qu'à moitié : un pas en avant, un pas en arrière… Le test : quand vous trouverez le sac plastique volant d'*American Beauty* – transitoire par excellence – aussi, voire plus, beau que les tournesols de Van Gogh.

## 3 – LE HASARD THÉMATIQUE

> « Le hasard est le plus grand romancier du monde ; pour être fécond, il n'y a qu'à l'étudier. »
>
> BALZAC

### La clef de la fiction

Jusqu'ici, le hasard a été étudié comme une donnée « extérieure » à l'art : c'est lui qui donne *naissance* à l'œuvre, que celle-ci soit attribuable aux efforts ultérieurs de l'artiste ou, plus singulièrement, à la nature. Mais qu'en est-il des rapports de l'art et du hasard dans l'œuvre *elle-même* ? En effet, étant donné l'importance de la notion, on se doute bien que les créateurs l'auront, d'une manière ou d'une autre, mise en scène dans leurs travaux. Cette première mise en scène peut être nommée « hasard thématique » ; elle décrit les nombreuses œuvres qui se servent du hasard comme d'un *thème*.

La littérature (et son dérivé, le cinéma) est le lieu privilégié d'expression de cette catégorie particulière. Quelles sont, en effet, les œuvres de fiction qui ne mettent leur protagoniste aux prises avec l'inattendu ? Le roman « d'aventures » repose exclusivement sur ce ressort narratologique (*Don Quichotte*, *Gargantua*, *Le Comte de Monte-Cristo*, *Robinson Crusoé*, *Lord Jim*, etc.) ; même chose s'il est psychologique, la seule différence étant que les aléas ont ici des conséquences plus abstraites que concrètes ; s'il est d'amour également, l'intérêt de la fiction amoureuse étant de montrer comment le couple surmonte les obstacles qui se dressent devant lui, ou la façon dont l'amour, au fil d'aléas divers, se délite. Et il en va bien sûr de même des policiers (Conan Doyle, Agatha Christie, Daniel Pennac, Dan Brown, Andrea Camilleri, Fred Vargas, Arnaldur Indridason, Jean-Claude Izzo, Robert Ludlum, Ian Rankin, Leif Davidsen...), qui narrent la manière dont un détective plus ou moins officiel transforme l'inconnu en connu grâce à des hasards heureux et des intuitions plus ou moins mystérieuses. À tout prendre donc, tout ce que fait la littérature, c'est de confronter un héros à une ou plusieurs situations imprévues : la moelle de l'os littéraire, ce sont les choix que ce personnage est obligé de faire et les conséquences qui s'y attachent. Stendhal avait bel et bien raison : le roman est effectivement un miroir qu'on promène sur la route. Réaliste, symbolique, d'anticipation, surréaliste, fantastique, picaresque ou de chevalerie, peu importe, il ne fait que copier l'existence dans sa dimension hasardeuse.

Quel est l'intérêt premier de cet outil littéraire ? Il est simple : sans hasard, la vie – et *a fortiori* la fiction – serait parfaitement ennuyeuse. Imaginez une pièce de théâtre racontant une de mes journées habituelles : lever, petit-déjeuner en face de la télé, Internet, écriture jusqu'à

13 heures, repas, un peu de télé, à nouveau Internet et ordinateur ; si c'est un bon jour un peu d'escalade, de volley-ball ou de surf ; puis dîner, télé, lecture et dodo. Rien que la liste est pénible... On le voit, ce qui intéresse le lecteur c'est la rupture dans la linéarité, les problèmes qui interviennent de façon forcément inattendue dans le quotidien. Les séries télévisées, sitcoms, films et la télé-réalité du monde entier montrent eux aussi en creux que la routine ne fait pas bon ménage avec la fiction : quand tout va mal pour le héros, tout va bien pour l'audimat [10].

Le hasard thématique n'est donc ni plus ni moins qu'un des traits définitoires de la littérature. Hasard étrange s'il en est, puisqu'il naît dans l'esprit de l'écrivain, qu'il est prévu par lui, qu'à partir de lui l'écrivain construit le reste de son œuvre. Autrement dit, c'est un des outils de la fiction, la subtilité consistant pour l'artiste à donner de la vraisemblance à ce hasard inventé, qui doit être suffisamment convaincant sans pour autant paraître tiré par les cheveux – défaut majeur, aux yeux de beaucoup de lecteurs contemporains, du *deus ex machina* classique. L'écrivain est dès lors dans la position de Dieu lorsqu'il écrit. Il décide des obstacles que Son héros trouve sur sa route, de la façon dont il les passe, ou pas, ainsi que de la couleur des yeux de l'héroïne et du temps qu'il fait. C'est pourquoi le hasard thématique n'est pas vraiment un hasard. Il est hasard pour le héros (si tant est qu'on lui

10. Andy Warhol nous en a fourni un contre-exemple édifiant : *Empire*, film qui consiste en un plan fixe de l'Empire State Building et dure 8 h 05 min. Mais qui a regardé ce film de bout en bout ?

accorde une vie autre que de papier), mais détermination absolue dès qu'on prend du recul. Aucun lecteur tant soit peu éveillé ne pourra, en effet, faire totalement abstraction de ce que les péripéties subies par Julien Sorel sont des inventions de son créateur, et qu'elles rentrent dans un plan préétabli. Plutôt que des ressources de Julien, on s'enthousiasmera donc plus justement du talent de Stendhal[11]. Le hasard thématique est, par conséquent, une imitation du hasard « existentiel », qu'on rencontre dans la vie de tous les jours. Comme tout dans la littérature, il cherche à donner l'illusion du vrai, du réel, mais n'en est qu'une copie.

## Petite histoire de la perception du hasard

Historiquement, ce hasard thématique n'a pas toujours eu la même signification[12]. Son statut a évolué au cours des siècles, principalement en fonction des changements d'interprétation de son cousin existentiel. À l'époque où Dieu existait pour la société et l'écrivain, où la croyance en la providence était forte, le hasard fictionnel figurait le détour par lequel l'ordre retrouvait sa suprématie. En fait, le hasard confortait la structure du monde, aussi bien au niveau social, politique que métaphysique. Les romans de chevalerie n'intégraient l'aventure et l'incertitude qu'à des fins édifiantes : il devait en être ainsi, et voilà pourquoi... Il

11. Raison pour laquelle, soit dit en passant, on décerne les prix littéraires non aux personnages mais aux auteurs...

12. Je renvoie ici à l'instructif essai d'Erich Köhler, *Le Hasard en littérature*, Klincksieck, 2000.

n'y avait pas remise en question fondamentale de l'état des choses, tout était fixe, chacun avait sa place, et c'était la volonté divine que chacun la conserve.

La situation commence à changer dès lors que les hommes entr'aperçoivent la liberté, ou en tout cas, la marge de manœuvre relative dont ils disposent. Celle-ci s'exprime de bien des façons : au niveau social, on se met par exemple à interroger la naissance – bien né, mal né –, comme le montrent *Le Jeu de l'amour et du hasard* de Marivaux ou *Le Mariage de Figaro* de Beaumarchais. Les répercussions en sont énormes, car ce simple changement de perspective implique qu'il est désormais possible, et légitime, de gravir les échelons de la société, que rien ne retient de droit l'individu dans son tiroir. Tout à coup (même si ce processus de prise de conscience a été long), on réalise que la vie n'est pas écrite à l'avance, qu'on n'a pas ce qu'on mérite, mais ce qu'on prend, et l'on se met à mettre en doute l'importance de l'outre-tombe, autrement dit, on intègre peu à peu l'idée que si l'on veut profiter de la vie, c'est maintenant ou jamais, ainsi que le résume le penseur Didier Morville [13] : « Baise la vie, ou c'est elle qui te baisera ».

Après une période euphorique, cette prise de conscience tourne à l'aigre. L'homme découvre progressivement l'envers de la médaille, car la liberté a détruit le château de cartes des trois états, mais elle a fait boule de neige : en tombant, les cartes ont mis en lumière les limites de cette liberté, c'est-à-dire un nouveau déterminisme, social et

13. Aussi connu sous le nom de Joey Starr.

matérialiste. Le hasard se révèle tellement objectif qu'il a aussi ses mauvais côtés. S'il peut aider, il peut également nuire, les deux cas de figure étant aussi probables l'un que l'autre, et il endosse dès lors le dossard contradictoire de promoteur et de bourreau du mérite personnel, comme le prouve, entre autres, *La Comédie humaine* de Balzac. À cause de sa liberté, l'homme joue sa chance avec ses seuls atouts, et son seul guide est, par conséquent, son jugement, lequel n'est jamais infaillible. Voilà donc ce qu'offre la liberté : le fait de ne pouvoir en vouloir qu'à soi – ou au hasard, ce nouveau Janus.

La dernière étape du processus, propre en particulier au XXe siècle, est l'avènement de la pensée de l'absurde. Par là, on entend d'ordinaire la conception d'une vie sans aucune direction et dépourvue de sens. Libre, parfaitement libre, l'existence ne va nulle part, il n'y a aucun but à atteindre, rien qui la justifie ou la remette en cause. Nous sommes seuls, désespérément seuls, et notre existence ne compte pas. Notre fierté en prend forcément un sacré coup. Accepter l'absurde, c'est renverser une fois pour toutes nos habitudes de pensée : non, le hasard n'est pas seulement une part importante d'existences qui seraient soumises à une certaine forme d'ordre – « l'existence précède l'essence ». En d'autres termes, le hasard contamine la totalité du monde, de la vie, de la pensée. Il n'est plus partie, mais tout, il subsume l'existant, entièrement, absurdement. Ainsi que l'exprime Camus dans *Le Mythe de Sisyphe* : « Je peux tout réfuter dans ce monde qui m'entoure, me heurte ou me transporte, sauf ce chaos, ce hasard roi et cette divine équivalence qui naît de l'anarchie. »

Cette lente évolution, tracée ici très grossièrement, explique en partie que le hasard ait connu une telle fortune artistique au XXe siècle. L'œuvre probablement la plus profonde sur le hasard thématique, qui en a fait son unique thème, est *Un coup de dés* de Stéphane Mallarmé. Elle appartient, il est vrai, à la fin du XIXe, mais par la façon dont elle aborde son sujet, elle s'apparente sans mal à des interrogations plus tardives, voire toujours contemporaines. Mallarmé y déplore, en effet, le fait que rien dorénavant ne soit en mesure de donner une assise *nécessaire* au hasard, particulièrement en art. Autrement dit, tout est contingent – tout peut exister ou ne pas exister – et, de ce que l'homme peut entreprendre, rien n'a le pouvoir d'y changer quoi que ce soit. Action politique, civique, militaire, geste charitable, œuvre artistique : aucune de ces tentatives désespérées ne masquera l'évidence d'un hasard devenu quasi-divin, supérieur, alpha et oméga de l'existence humaine moderne.

Que reste-t-il donc ? La possibilité, au moins, de décliner cette idée sous plusieurs formes… *Un coup de dés* est ainsi rédigé de façon frappante, en apparence désordonnée : il mélange les lignes en majuscules, en minuscules, en grandes polices et en polices normales, en italiques ou pas. Si toutes les lignes étaient mises bout à bout, le texte tiendrait sûrement sur une page, mais il en occupe dix-neuf, car il joue avec les blancs et la disposition. Enfin, le texte se lit à la fois linéairement et en fonction des jeux de police et de taille, de telle façon par exemple que le titre constitue les premiers mots du texte, mais que la suite (en majuscules et plus large que le reste) apparaît aux pages 1, 7 et 15 pour former la phrase : « un coup de dés jamais n'abolira le hasard ». Où bien sûr le « coup de dés » en question décrit l'œuvre d'art, et l'œuvre d'art l'homme.

Autre époque, autre style, même sujet : Paul Auster est, lui aussi, un fidèle utilisateur du hasard comme ressort de la fiction. La *Cité de verre* raconte les suites d'un coup de téléphone erroné ; dans *La Musique du hasard*, Nashe, le protagoniste, erre pendant un an, sans but, aux États-Unis... Cela dit, finissons cette section sur un roman qui a élevé le hasard au rang de thème nodal, et qui représente peut-être la quintessence du hasard thématique : *L'Homme-Dé* de Luke Rhinehart. On y découvre l'histoire de Luke Rhinehart, un éminent psychologue qui décide un jour de mener sa vie en jouant aux dés. Pour être plus précis, il remet la responsabilité de ses choix à un dé, chaque chiffre correspondant à une orientation complètement différente. Si le 1 tombe, je mange une glace au citron au déjeuner ; si c'est le 2, je viole la voisine... Variation évidente et extrême sur l'acte gratuit des *Caves du Vatican* d'André Gide, dans lequel Lafcadio pousse un vieil homme hors du train *gratuitement*, c'est-à-dire volontairement, mais sans aucune motivation. Cette remise de la décision au hasard correspond à la radicalisation de l'idée que tout n'est que hasard, que rien ne le « sauve » ; si c'est véritablement le cas en effet, il n'y a pas de différence qualitative entre une décision longuement mûrie et une décision laissée à l'aléatoire. Or, on va maintenant le voir, cette idée de gratuité, de thématique qu'elle est normalement, a été étendue par plusieurs artistes du XXe siècle au niveau bien plus controversé de la structure même de l'œuvre.

## 4 – LE HASARD STRUCTUREL

### Le hasard comme spontanéité

À l'opposé du hasard thématique, le hasard structurel ne se satisfait pas de simplement « parler de » hasard. Comme son nom l'indique, il passe à la vitesse supérieure : à proprement parler, il met le hasard *en œuvre*. Il ne s'y contente plus d'être simplement un ressort parmi d'autres, un sujet dont on parle et qu'on illustre au niveau sémantique du texte, il devient l'outil privilégié de la création même de l'œuvre. Traditionnellement, l'œuvre d'art est pensée, planifiée, soupesée ; avec le hasard structurel, tout ou partie du processus de création est laissé aux mains d'aléas de natures différentes et variées. Cette diversité s'illustre par le grand nombre de techniques « de hasard » inventées au XXe siècle, dont quelques exemples vont être donnés ici. Considérées dans leur ensemble, il est possible de repérer deux tendances fortes à ces techniques. Dans la première, l'aspect du hasard qui est mis en avant prend les traits de la *spontanéité*.

Breton et le surréalisme ont déjà été brièvement abordés plus tôt, et leur technique la plus connue est sans nul doute l'automatisme. Celui-ci est, idéalement, « l'expression libre de la pensée », c'est-à-dire un témoignage non censuré des profondeurs de la vie psychique de l'individu. Si cette définition n'a rien de particulièrement révolutionnaire, il faut, pour mesurer ce qu'elle implique, et comprendre en quoi l'écriture automatique est fortement liée au hasard, au désordre, au chaos, être mis face-à-face :

Les coqs de roche passent dans le cristal
Ils défendent la rosée à coups de crête
Alors la devise charmante de l'éclair
Descend sur la bannière des ruines
Le sable n'est plus qu'une horloge phosphorescente
Qui dit minuit
Par les bras d'une femme oubliée
Point de refuge tournant dans la campagne
Dressée aux approches et aux reculs célestes
C'est ici
Les tempes bleues et dures de la villa baignent dans la nuit qui décalque mes images
Chevelures chevelures
Le mal prend des forces tout près
Seulement voudra-t-il de nous.

Ce poème, intitulé « Tout paradis n'est pas perdu », est tiré du recueil de 1923 *Clair de terre*. À moins que je ne me trompe, et en particulier si c'est votre première rencontre avec de l'automatisme, « Tout paradis n'est pas perdu » ne va pas vous éblouir par sa clarté. On ne peut s'empêcher de se demander : mais de quoi Breton parle-t-il ? Qu'est-ce que veulent dire ces images ? Où est la queue, où est la tête ? Par bien des aspects, l'automatisme ressemble à un texte qu'on aurait créé en mettant bout à bout des mots sans aucune espèce de lien logique [14].

Mais le surréalisme n'en est pas resté là. Afin d'atteindre à son but ultime – le surréel –, ses membres ont également eu pendant un moment pour règle de décrire leurs rêves dès qu'ils se réveillaient, avant même d'être tout à fait lucides (récits de rêves) ; ils ont aussi eu recours à l'hypnose, typiquement pour endormir un de leurs membres afin de lui poser des questions auxquelles il répondait de façon très proche de l'automatisme, en tout cas toujours très « absurde » ; enfin, de peur de s'ennuyer, ils ont par ailleurs établi une batterie de jeux assez inhabituels. Le plus connu en est probablement le « cadavre exquis », qui consiste à asseoir disons cinq personnes autour d'une table et de demander à chacune d'écrire sur un papier un mot correspondant à une fonction particulière (nom, adjectif, verbe, etc., dans un ordre préétabli) sans qu'aucune n'ait connaissance des mots de ses voisins. Ensuite, les contributions sont mises bout à bout et l'on obtient une phrase, surréaliste bien sûr. La première fut « le cadavre exquis boira le vin nouveau », d'où le nom. Ils inventèrent également le jeu des définitions, qui se joue à deux, une personne posant une question par écrit et en cachette, l'autre écrivant une réponse. Étrangement, c'est un jeu qui peut donner des résultats sublimes de vérité et de poésie. Ainsi : « Qu'est-ce que la solitude ? C'est une reine assise au pied du trône. »

14. Pour cette raison, on l'a parfois rapproché des fatrasies médiévales.

Le jeu des hypothèses en est une variante, dans laquelle la première personne commence une phrase avec « si », que l'autre doit terminer. Exemple : « Si l'obscurité la plus complète régnait sur terre/les paons rouleraient sur leur roue. »

Pour des raisons pratiques assez claires, car le langage ne fonctionne comme outil de communication qu'à la faveur des logiques grammaticale et sémantique, la spontanéité a eu plus de succès en peinture (Miró, Dali, Ernst, Magritte, etc.). Sans grande surprise, plusieurs des mouvements artistiques intéressés par la « liberté d'expression » ont été influencés par le surréalisme. L'expressionnisme abstrait en est un exemple typique : l'*Action painting*, comme il est aussi connu dans le monde anglo-saxon, est le résultat de l'alchimie particulière entre l'esprit émancipateur américain des années quarante et l'afflux de figures du surréalisme européen aux États-Unis, à la suite de la deuxième guerre mondiale. Breton, Dali, Ernst, Tanning, Chagall et d'autres dispensèrent leurs idées aux jeunes Américains au travers de conférences, de lectures, d'émissions de radio, d'articles et d'expositions qui enflammèrent les imaginations créatrices et leur firent prendre une tournure particulière.

Jackson Pollock est l'*Action painter* le plus célèbre et le plus représentatif de l'originalité de ce mouvement. Il est l'inventeur du *dripping*, une technique consistant à poser la toile au sol, à percer un trou au fond de pots de peinture et à gigoter au-dessus du cadre pour créer un réseau complexe de filets, d'entrefilets et de taches de peinture. Logiquement, les journaux le surnommèrent rapidement

« Jack the dripper[15] ». Il est évident qu'une partie de sa célébrité est due à sa mort précoce, mélange de dépression, de voiture et d'alcool. Cela dit, ses tableaux sont frappants de beauté, et le *dripping* n'est pas pour rien dans l'irruption de la spontanéité dans le vocabulaire artistique, ainsi que dans la conscience des visiteurs de musées d'art moderne/contemporain (Beaubourg, Tate Modern, MoMA, Guggenheim de Venise, etc.).

En France, en dehors de ce que l'histoire de l'art dominante appelle la « version française » de l'expressionnisme abstrait (alias l'« École de Paris », Mathieu en étant la figure de proue), Jean Dubuffet et son « art brut » ont gaiement enfoncé une des portes de la spontanéité ouvertes par Breton. Lorsque a eu lieu la vente aux enchères de la collection d'art du surréaliste en 2003, le grand public a été étonné de voir l'important nombre d'objets de peuples « primitifs » qui étaient en sa possession. Au juste, Breton a été l'un des premiers à s'y intéresser, dès les années vingt (dans un registre très similaire, on lui doit également la redécouverte de grands poètes tels que Rimbaud et Lautréamont). En ce qui concerne les objets tribaux, Breton avait passé une partie de son séjour aux États-Unis à visiter des réserves amérindiennes, ainsi que le Mexique et la Martinique, visites dont il avait profité pour compléter sa collection ou alimenter son inspiration (dans *Martinique, charmeuse de serpents*, par exemple). De la même façon, le surréaliste

15. Jeu de mot bien trouvé sur *Jack the ripper*, c'est-à-dire « l'éventreur ».

avait reconnu dès le *Premier Manifeste du surréalisme* la place qu'il fallait faire à l'art des enfants, et plus encore à celui des fous [16].

C'est cette porte à plusieurs poignées que Dubuffet a un peu plus enfoncée avec l'art brut, dans lequel l'artiste s'évertue à produire des tableaux aussi proches de l'art infantile, ou disons « a-esthétique », que possible. Mais quel est donc ce fil qui relie à la fois surréalisme, art primitif, art des fous et des enfants ? Le dénominateur commun à ces approches apparemment différentes est évidemment qu'elles recherchent la spontanéité. C'est-à-dire la capacité de créer sans trop y réfléchir. Pourquoi ça ? Parce que, dans l'optique surréaliste et de beaucoup d'autres artistes postérieurs, la réflexion est devenue le cancer de l'art. La réflexion est la forme prise par notre éducation, par la pensée que la société nous a inculquée ; elle trahit les réflexes, les inhibitions et les interdits que l'histoire de notre pays et de notre civilisation nous impose. Or, le début du XXe siècle en particulier est une période de remise en cause majeure des valeurs héritées. Le chemin ouvert par le surréalisme avec l'écriture automatique et ses différents jeux est donc celui d'une production qui fasse fi de la conscience, identifiée comme

16. Il est intéressant de remarquer qu'Antonin Artaud, membre important des débuts du surréalisme, a passé dix années dans un asile, et que plusieurs anciens surréalistes, ou artistes proches de la mouvance surréaliste, ont été tentés par l'expérience hallucinogène (Michaux, Artaud). Par ailleurs, Breton a co-écrit avec Éluard un recueil de textes, *L'Immaculée Conception*, dans lequel chacun avait été rédigé en tâchant d'imiter différents types de folie. Enfin, le courant de l'anti-psychiatrie, actif dans les années soixante – soixante-dix, s'est en partie appuyé sur la position surréaliste.

seule dépositaire des nombreuses censures réductrices qui font de nous des êtres rationnels, logiques et positivistes.

La raison d'être de l'écriture automatique est que, le surréaliste écrivant aussi vite qu'il peut et sans y penser, elle était supposée passer outre les censures conscientes et puiser dans l'inconscient de l'individu, source et clef d'une vie plus entière, d'une « surréalité » conciliant les deux domaines scindés par la société, à savoir l'intérieur et l'extérieur, l'objectif et le subjectif. En ce sens, il est tout à fait compréhensible que Breton ait vite été attiré par les individus censés ne pas avoir été atteints par le mal de l'homme occidental moderne : les peuples non contaminés par le mode de pensée colonialiste, les enfants, encore assez vierges des habitudes de pensée adultes, les fous et autres anormaux, qui font souvent montre d'une logique tout à fait étrangère à la logique dominante. Il n'est donc pas entièrement faux de dire que le surréalisme est une tentative de grande envergure pour débarrasser l'homme des bâtons qu'il se met lui-même dans les roues, ou si l'on préfère pour retourner à un état de conscience d'avant la chute rationnelle.

C'est en quoi s'explique le nombre impressionnant de valeurs décriées par Breton et les siens : non à la beauté, non à la religion, non au passé, non à la linéarité, non aux conventions sociales, non aux politiciens, non aux institutions, non au conformisme, non au travail, non, non, non… Non également à ce qui est habituellement considéré comme « sens ». L'écriture automatique et les jeux surréalistes, par le biais de la spontanéité, attaquent le langage dans sa dimension sémantique ordinaire. Car le langage porte nécessairement les stigmates de notre pensée estropiée ; ainsi que veut le démontrer le surréalisme, il est *en puissance* beaucoup plus riche, plus dense, plus diseur et plus pertinent que ce qu'on en fait d'ordinaire.

Or, c'est là que le hasard révèle toute son importance, car il est l'anti-valeur par excellence. Il est l'étalon qui permet à ceux pour qui la spontanéité est toujours gagnée sur la logique héritée, et non, justement, spontanée, d'évaluer la qualité de leur essai. Le hasard détruit le sens, il est imprévisible, crée des étincelles de sens et de beauté au milieu du chaos. Il est ce que la raison ne comprend pas, partant, un allié décisif dans la lutte contre la raison, même s'il ne faut pas commettre l'erreur de le confondre entièrement avec la spontanéité. En effet, la spontanéité idéalisée par Breton et ses acolytes n'est, fondamentalement, pas aléatoire. Elle a, comme au reste l'inconscient, une logique propre, une logique non réductionniste, plutôt globalisante, moniste, unificatrice – on dirait aujourd'hui « holiste ». Ainsi, il n'est pas tout à fait juste de dire que le surréalisme, l'art brut et l'*Action painting*, entre autres, utilisent le hasard dans un sens purement structurel. S'il aide à structurer, s'il sert comme instrument de base pour l'engendrement de l'œuvre, il n'en est pas pour autant la fin, le but. Il est là *à défaut de*, sorte de substitut de luxe et insuffisant à la fois de quelque chose qui s'acquiert, mais ne se perd malheureusement pas – l'histoire.

## Le has-art [17], *ou le hasard comme négation de l'individu*

La seconde tendance aux techniques structurelles du hasard a pour représentants ceux que j'appelle les « has-artistes ». Leur approche de la question du hasard en art est diamétralement opposée à celle d'un Breton par exemple, qui associe hasard et spontanéité. Cette association, pour eux, est loin d'être satisfaisante, ne serait-ce qu'au niveau purement logique. Le reproche qu'ils adressent généralement à la spontanéité est qu'elle reste fermement ancrée dans l'humain, quand bien même le hasard en est l'antithèse la plus radicale. Et il est difficile de le nier : tous les efforts du surréalisme tendaient non pas vers une disparition de l'individu, mais bien plutôt une présence *renforcée*. L'inconscient et le surréel ne sont pas des négations de l'humain, ils en sont des paroxysmes, des formes quintessenciées. C'est pourquoi l'inconscient a, par exemple, un mode de fonctionnement, ce qui explique que le psychanalyste puisse procéder à des « analyses », car il est dès lors possible d'en deviner la logique et de le déchiffrer. Lacan a d'ailleurs pu qualifier l'inconscient de langage…

L'intérêt de Breton pour les arts primitifs, l'art des enfants et des fous ne fait que le confirmer : la spontanéité ne correspond pas à l'absurde, à la perte du sens, au chaos primordial, mais à un stade de développement de l'homme qui le verrait jouir d'une liberté à la hauteur de ce que la réalité *entière* a à offrir. Le hasard surréaliste est une

17. Terme que j'ai introduit dans ma thèse de doctorat, *Has-art, chance as a creative tool.*

négation, mais une négation (ou une tentative de négation) de ce qui, historiquement, nous éloigne de l'*unus mundus*, c'est-à-dire les habitudes de pensée positivistes modernes, et non une négation de l'homme proprement dite. Au Siècle des lumières, Voltaire s'était moqué de Rousseau en en faisant un thuriféraire du retour à la vie sauvage. S'il avait vécu dans la première moitié du XXe siècle, il aurait peut-être dénoncé en Breton un croyant naïf dans une espèce d'origine idyllique de la psychologie, dans une sorte de grande transparence possible de l'homme et du monde. Au final, la spontanéité n'est donc nullement vue par ses adeptes comme un abandon, mais plutôt comme une soustraction allant dans le sens de l'essentiel.

Les has-artistes voient dans cette présence de l'homme la source du problème. Afin que le has-art soit véritablement hasardeux, ils se mettent en tête d'éliminer autant que possible toute référence à l'individu, donc à la conscience, mais aussi et surtout à l'inconscient qu'ils prennent bien souvent pour plus dangereux encore que la conscience – car il est souterrain, insidieux, qu'il exerce son influence à l'insu de l'individu même. À leurs yeux, être spontané ne veut pas dire accueillir le hasard, mais être joué par une instance immergée aux fausses allures d'aléatoire.

Une des premières traces de has-art remonte au XVIIIe siècle, lorsqu'un certain Mozart [18] rédigea un livret intitulé *Instruction pour composer autant de walzes que l'on veut par le moyen de deux Dez sans avoir la moindre*

18. Il n'a pas été établi à 100 % qu'il s'agissait de Wolfgang-Amadeus Mozart.

*connoissance de la Musique ou de la Composition.* Comme le titre l'indique, il s'agit d'une méthode mise au point pour permettre à quiconque de composer un morceau de musique à l'aide de dés. Il faut savoir que ce livret circula largement dans les salons de l'époque, très friands de divertissements et de petits coups d'éclat de ce genre : c'est l'époque des automates, des jeux de (bonne) société et des mots d'esprit à la *Ridicule*[19]. Grâce à deux simples dés à jouer, Mozart offrit aux novices de vaincre leur ignorance, de créer quelque chose que rien ne les destinait à créer. Évidemment, cela impliquait un travail préparatoire assez important de la part de Mozart, à savoir la méthode même, mais dans la perspective du lanceur de dés, il est clair que sa participation était limitée à bouger le poignet, rien de plus. Son influence sur les chiffres sortant un à un n'était que causale, nullement décisive – ou « décisionnelle ». Conscience et inconscient étaient, finalement, parfaitement passifs en ce qui concerne l'obtention de telle ou telle *walze.*

Il ne semble pas qu'on ait conservé la moindre composition d'époque issue de cette méthode. Sans trop se mouiller, on peut, cela dit, opiner que les valses dignes d'intérêt furent rares. Ce qui n'a rien de surprenant, car après tout, ce qui fait des œuvres de Mozart, de Prokofiev ou de Vivaldi des chefs-d'œuvre est la façon dont ils associent, mêlent, répètent, enchaînent et font varier *avec art* les sept notes de la musique occidentale. À l'époque, le fruit de lancers de dés ne pouvait être conçu que comme

19. Film de Patrice Leconte, 1996.

une agréable manière de passer le temps, alliant deux quantités apparemment antinomiques, art et hasard. Pour que cette alliance contre nature soit prise au sérieux, il fallait par conséquent que nos attentes en matière d'art changent. Que les idées d'intellect et de génie prennent un coup dans l'aile, qu'elles perdent de leur superbe. Or, le XXe siècle a rempli ces conditions, et il a donc constitué le terreau parfait pour les has-artistes.

Les premiers créateurs à avoir pris cette voie sont les dadaïstes. Dada est officiellement né en 1916, lorsqu'un groupe de jeunes gens se retrouva à la terrasse du cabaret Voltaire à Zurich. De fil en aiguille, cette réunion informelle en vint à proposer de déterminer le nom de leur groupe. Ils se procurèrent un dictionnaire et décidèrent d'adopter pour nom le mot qu'ils obtiendraient en ouvrant l'ouvrage au hasard. Tristan Tzara s'exécuta, et son doigt se posa sur « dada ». Que cette anecdote soit vraie ou pas, elle est tout à fait représentative de l'esprit qui animait alors ces jeunes hommes venus d'un peu partout : un esprit fortement marqué par ce qu'ils percevaient comme la grande débâcle de la raison dans les tranchées de la première guerre mondiale. Si la raison avait échoué à créer une société raisonnable, le mieux à faire était peut-être de s'en remettre à l'anti-raison, autrement dit au hasard. Ce raisonnement est tout à fait caractéristique des plus fervents dadaïstes, parmi lesquels Tzara, Picabia, Duchamp ou encore Schwitters. Les œuvres dada s'appuient presque exclusivement sur les paradoxes, les illogismes, les contradictions, la négation ; elles ont recours aux techniques de certaines avant-gardes passées ou contemporaines, comme par exemple les « mots en liberté » (*parolibero*) des futuristes italiens ; elles cultivent le grotesque, le scabreux, et donnent lieu à des lectures « simultanées », au cours desquelles un même texte est lu en plusieurs langues à la fois. À la suite encore des Marinetti, Russolo et autres Boccioni, les dadaïstes manipulent également l'injure et le scandale, à la fois pour prendre du bon temps et pour sortir le spectateur de sa « zone de confort » habituelle, le pousser à réagir.

Probablement le membre du groupe le plus connu, et peut-être l'artiste le plus influent du XX^e^ siècle, Marcel Duchamp a comparativement peu produit. Sa carrière se compose de quelques coups d'éclat et canulars de génie qui ont assuré sa célébrité et forcé les spécialistes d'esthétique à revoir de fond en comble ce qu'on entendait jusque-là par « art ». *Nu descendant l'escalier*, inspiré par le souci futuriste pour la captation graphique du mouvement, est le tableau qui l'a fait remarquer, mais aussi un de ses derniers. Vint ensuite sa fabuleuse « reprise » de la Joconde, en fait une simple reproduction du portrait de Vinci, auquel il ajouta une moustache et qu'il rebaptisa : *LHOOQ*. Tableau est tout à fait dadaïste : dérision du passé, du beau, de l'institution, du sérieux, jubilation de la bonne blague… Qualités (ou défauts) qu'on retrouve telles quelles dans ses célébrissimes *ready-mades,* ces bombes terroristes placées dans les fondations mêmes de l'esthétique. Avec les œuvres de Brancusi, de Daniel Buren et de Damien Hirst, les *ready-mades* font partie des « objets d'art » les plus controversés du XX^e^ siècle. Mais Duchamp ne s'est pas contenté d'agrandir la catégorie « art » avec ses ready-mades, il lui a fait faire le pas ultime, celui d'élever le non-art au statut d'art : ces œuvres « déjà faites » ou « déjà formées » consistent en de simples ustensiles trouvés ou achetés, puis exposés comme des œuvres d'art classiques. Ainsi le plus connu d'entre tous, *Fountain* (un urinoir), fut acheté au BHV de Paris, puis glissé par Duchamp dans une exposition américaine dont il était membre du comité de sélection. Bien sûr, lorsque ses co-organisateurs en prirent connaissance, ils le retirèrent immédiatement ; mais le mal était fait, Duchamp avait irrémédiablement sapé les bases du beau et de l'art. On ne compte d'ailleurs pas le nombre de mouvements, d'artistes et de philosophes qui, sans Duchamp, n'auraient rien eu à dire. Cela dit, outre qu'un des critères de sélection que Duchamp s'imposait pour les *ready-mades* était qu'ils ne soient pas désirés pour leur beauté, le hasard ne jouait pas de rôle particulier ici – autrement bien sûr que par le biais de l'onde de choc parfaitement hors de contrôle qu'ils provoquèrent. Le hasard fut, par contre, le créateur et l'objet de *3 stoppage étalon*. Pour cette œuvre, le dadaïste avait tendu trois fils d'une longueur d'un mètre à un mètre au-dessus d'une planche, les avait laissés tomber, et les avait ensuite immobilisés dans la position de leur atterrissage.

Au reste, dada aurait également inventé la technique de l'automatisme, récupérée plus tard par le surréalisme. Mais l'optique était différente. Pour dada, ce qui comptait dans cette forme d'écriture n'était pas ce qu'elle révélait des grandes profondeurs humaines, mais son intense désorganisation, sa force anarchique. C'est d'ailleurs cette différence de point de vue qui amena de 1920 et 1922 à la rupture progressive entre Breton et Tzara, c'est-à-dire entre le pré-surréalisme et dada. Car, pour compliquer l'histoire, ceux qui allaient officiellement devenir les surréalistes en 1924 (Breton, Éluard, Aragon, Desnos, Péret et d'autres) commencèrent en 1919 par être des partisans du dadaïsme. Mais, encore une fois, dada était proprement anarchiste, ennemi juré de tous les ordres possibles et imaginables, en bref, épris de destruction. Position qui fut tenue jusque dans ses conséquences logiques extrêmes, puisque dada se fit lui-même disparaître[20]. Breton en eut finalement assez de cette complaisance dans la négativité et rompit avec Tzara au cours du fameux « procès de Maurice Barrès ».

L'équivalent musical (et ami admiratif) de Duchamp s'appelait John Cage, un Américain qui avait un temps été l'élève de Schoenberg, le père du dodécaphonisme. Des années quarante aux années quatre-vingt, ses compositions ressemblent à autant d'étapes dans la course à une musique parfaitement aléatoire, ou « has-arteuse ». Son premier geste significatif fut l'invention des « pianos préparés » : en glissant différents objets entre les cordes d'un piano, Cage introduisit un important facteur perturbateur dans l'identité des notes. En particulier au début, il n'avait pas du tout standardisé ses préparations, ce qui faisait qu'un do, un mi ou un la pouvaient un jour avoir un son métallique étouffé, un autre un son creux et distordu. Puis vint ce que Cage appela *chance music*

20. Même les adeptes du désordre suivent une logique, et cette logique de destruction et de refus de l'énonciation d'une vérité n'est irréprochable que si le groupe la prônant en vient à s'autodétruire.

(« musique du hasard »). Cette musique consistait en une généralisation du principe des dés de Mozart, puisqu'il s'agissait de déterminer plusieurs des données musicales (notes, longueur des notes, nombre de mouvements, ordre des variations, rythme, etc.) grâce à des *chance operations* (« processus aléatoires »), en s'aidant notamment du *I-Ching*, ou *Livre des divinations* chinois. Comme le titre l'indique, ce livre est en théorie une série d'hexagrammes susceptibles de donner la clef des événements futurs. Cage s'en servit comme d'un recueil de mystérieuses réponses auquel il posait des questions liées à la composition.

Cela dit, la *chance music* et les pianos préparés ne le satisfirent jamais totalement. Ce qui le gênait était que, bien qu'issues du hasard, ses compositions ne parvenaient pas à faire vivre celui-ci au-delà du stade de la création. Autrement dit, Cage réalisa qu'il muselait le hasard, puisque celui-ci n'était là que pour lui permettre de composer. Comment donc lui donner une plus grande voix au chapitre ? La réponse vint sous la forme de l'*indeterminacy*, sa grande trouvaille en matière de has-art. L'indétermination désigne en gros toute technique utilisée pour empêcher que deux interprétations d'une même composition soient jamais identiques. Les moyens d'y arriver sont nombreux : obligation pour l'interprète de mélanger les feuilles de la partition ; recours à une écriture musicale proche du dessin afin de forcer le musicien à interpréter, au sens fort, la composition ; multitude de concerts simultanés nécessitant que le spectateur fasse un choix d'audition ; utilisation de postes radio dans un morceau ; connexion de différents concerts à un échiquier, chaque coup de la partie jouée (entre Cage et les Duchamp) effectuant un choix mécanique sur la combinaison musicale entendue par le public ; amplification sonore d'actions banales, comme la rédaction d'une lettre…

Mais son morceau le plus connu, et parmi les plus réussis dans l'optique du has-art, est sans aucun doute *4'33*, aussi appelé *Silence*. Ainsi que Cage aimait à dire, c'est la composition dont l'écriture lui prit le plus de temps, puisqu'il commença à en parler dès 1948, et ne la termina qu'en 1952. Pour jouer *Silence* (si, vous aussi le pouvez), vous aurez besoin d'une estrade, d'un piano, de spectateurs, et d'une bonne dose de courage. Suivant les instructions de Cage, vous vous installerez au piano, lèverez et baisserez le couvercle du piano deux ou trois fois au cours des 4 min 33 s que durent le morceau ; puis, sans avoir touché une note, vous vous retirerez, ayant refermé le piano pour la dernière fois. Vous imaginez sans mal le scandale que Cage fit à la première. Le public avait payé pour assister à un concert, et on lui servit du vent, ou plutôt du silence. Pourtant, ce que Cage voulait montrer par ce qui peut passer pour une petite blague bien dadaïste était, paradoxalement, que le silence n'existe pas [21]. Il retint donc de la première du morceau le chien qui aboya dehors,

21. Cette choquante vérité lui apparut un jour où il visita une chambre anéchoïque, c'est-à-dire empêchant la production de tout son, dans une université. En sortant, il demanda aux techniciens ce qu'étaient les deux espèces de battements qu'il avait entendues à l'intérieur. On lui répondit que c'étaient son cœur et sa circulation sanguine.

le vent qui soufflait dans les coursives, les soupirs bruyants des spectateurs, le bruit qu'ils firent en partant excédés, et le claquement feutré des portes après leur sortie. En 4 min 33 s, Cage voulut montrer que, en raison de sa structure mathématique, la musique traditionnelle détourne de l'essentiel, à savoir le monde, dont la caractéristique cagienne principale est l'indétermination, le hasard, l'imprévu, la transformation incessante.

Un autre intéressant pratiquant de la discipline est le plasticien François Morellet. Codirecteur de l'usine familiale de voitures pour enfants de 1950 à 1970, Morellet a produit œuvre sur œuvre à Cholet, loin de la frénétique capitale parisienne, ce qui ne l'a pas empêché d'exposer partout dans le monde et de se faire une solide réputation. Il fait partie des rares artistes qui, dans les années cinquante, avaient décidé de prendre le contre-pied de la tendance générale de l'époque, représentée par les Pollock, de Kooning, Kline, et leurs équivalents français de l'École de Paris. Contre l'*Action painting* englué dans un expressionnisme plus ou moins abstrait, Morellet, Vasarely, Ellsworth Kelly et quelques autres optèrent pour l'*abstraction géométrique*. Dans les deux cas, il s'agit bel et bien d'abstraction, autant dire que la figuration n'y est pas à l'ordre du jour, mais pour les premiers, celle-ci est guidée par le désir de puiser l'abstraction dans les recoins et fissures de l'inconscient, quand pour les seconds, elle emprunte les chemins parfaitement ordonnés, clairs, presque minimalistes, des carrés, cercles, rectangles et autres arrangements chers à Euclide.

Ce qui déplaisait à Morellet dans les autres formes d'abstraction, et d'art en général, c'était l'idée de choix. Car le choix ressortit naturellement à l'individu, il le désigne – c'est même ce qui le distingue des autres créatures, puisqu'il lui permet de s'extraire des déterminations naturelles. Le Graal de Morellet tenait dans une œuvre qui, un peu comme chez Cage, naîtrait d'elle-même, quasiment autoproduite, parfaitement démarquée de l'homme. La géométrie lui offrit, dans un premier temps, de réduire par un facteur important le nombre de ses décisions : après tout, pour tracer un rectangle, on n'a besoin que de déterminer deux longueurs, alors que le dessin d'un visage nécessite une bonne tripotée de choix. Cela dit, Morellet ne s'est pas arrêté là ; dans la perspective du has-art, il fallait encore trouver un moyen de multiplier la géométrie sans s'en remettre à la subjectivité. Car un rectangle ne demande pas beaucoup de décisions, mais le placer ici ou là, le colorer de cette couleur-ci ou de cette couleur-là, oui. Pour un bon nombre d'œuvres, Morellet décréta donc assez rapidement qu'il n'utiliserait que des carrés (une seule décision !), seulement deux couleurs (souvent le noir et le blanc), autant que faire se peut des machines pour éviter de laisser des traces de « mal foutu [22] » sur la toile, et enfin, des méthodes d'engendrement aléatoire. La première méthode de cette nature fut celle de l'annuaire téléphonique : faisant arbitrairement correspondre le rouge aux chiffres pairs et le bleu aux impairs, il colora en 1953

22. Son expression.

un tableau quadrillé de 10 000 carrés en fonction du dernier chiffre de numéros de téléphone.

Comme Cage, ses techniques s'affinèrent progressivement dans le sens d'un allègement croissant de la présence du créateur. Donc, au lieu de faire le travail lui-même, il en vint à se mettre de plus en plus à distance, par exemple, en reliant des néons dans un musée à un interrupteur installé dans la rue : à chaque voiture qui passait, les néons s'allumaient de façon aléatoire, laissant apparaître soit des formes géométriques, soit des mots (tels que « non », « nul », « con », ou encore « cul »). Il réalisa également une œuvre consistant en un arrangement de néons reflété dans de l'eau dont le spectateur devait frapper le contenant pour déformer le reflet sur la surface – l'œuvre n'étant donc ni les néons eux-mêmes ni l'eau, mais l'interaction turbulente des deux dans l'onde renvoyée d'un bord à l'autre du bac.

Enfin, Morellet a lui aussi, comme Cage avec son indétermination, compris que le hasard avait maille à partir avec la *potentialité,* avec le fait d'être toujours *in progress.* En effet, il est facile de voir que, le hasard étant l'imprévu par excellence, le père de tous les possibles, il cesse d'être à partir du moment où il advient. Autrement dit, le fait qu'une tuile me tombe sur le crâne est un événement hasardeux, mais à partir du moment où la rencontre du cuir chevelu et de l'objet a eu lieu, le possible/potentiel devient pure nécessité. Pas moyen de s'en défaire, le hasard a enfanté dans ma douleur, et dès lors, il n'est plus hasard. Par conséquent, une œuvre désirant l'imiter devrait trouver une solution pour rendre cette particularité d'être toujours dans le « presque », dans le « sur le point de ». En basant *Pi* sur le calcul automatisé de pi, Morellet a partiellement réussi cette gageure. Pi est, en effet, un de ces monstres mathématiques qui n'ont pas de fin, et sont, qui plus est, parfaitement aléatoires, dans le sens où chaque nouvelle décimale de pi ne peut être déduite des précédentes. *Pi* fait correspondre chaque décimale à un angle (sur le principe 1 = 10°, 2 = 20°, etc.) entre l'ancien segment et le nouveau. L'œuvre évolue donc librement, ou plutôt arbitrairement, en fonction des caprices de pi, et indéfiniment, rappelant ainsi qu'un coup de dés jamais n'abolira le hasard.

## 5 – ACCOMMODER LE HASARD

En dépit des apparences, art et hasard font donc bon ménage. Qu'on trouve les travaux de Cage, Dubuffet ou Breton ridicules et honteux n'y changera rien, les deux sont liés. L'inspiration, par exemple, n'a strictement rien de mathématique, même dans sa dimension « inconsciente ». Si elle l'était, on pourrait y faire appel quand bon nous semble : or, qui n'a entendu parler de la crise de la page blanche, ce symptôme de l'artiste dépourvu d'idées ? À tout prendre, l'inspiration s'apparente grossièrement à la pêche aux canards (ou aux cygnes noirs) : devant le créateur se trouvent une trentaine de volatiles de plastique, et, avec sa canne à pêche, il attrape celui qui veut bien se laisser prendre. Être inspiré, c'est par conséquent faire un choix, mais un choix qui repose sur trop d'incertitudes, d'inconnues, de contingent, de fortuit, pour être totalement « volontariste ».

La proximité de l'art et du hasard est également visible dans certains des objets ou scènes que nous lègue la nature, objets ou scènes dont l'apparence rend vague la séparation pourtant d'ordinaire si nette entre nature et culture, forces élémentales et êtres humains. Ici, l'art n'en est pas un, puisque fait défaut l'intention, mais ce cas particulier souligne combien le monde est caractérisé par la porosité des frontières, et sous-tendu par l'imprévisibilité des formes et des événements. C'est cette imprévisibilité même qui retient l'attention de beaucoup d'artistes qui l'incluent dans leurs travaux comme « personnage », comme composante thématique. Sans le hasard, qui porte en lui des réalités aussi variées que la combinatoire, l'invention ou la surprise, les gens s'embêteraient encore davantage dans le métro matinal, car c'en serait fini de la littérature.

Mais une fois dépassé ce niveau disons « anecdotique », le XXe siècle a indéniablement été le témoin d'un rapprochement entre l'art et un hasard plus profond, plus exigeant. Plus ambigu aussi. Les partisans de cette hypothétique forme d'art qu'est le has-art voient juste, au contraire d'un Breton par exemple, en voulant se défaire de l'homme, car celui-ci est l'anti-hasard par définition – soit consciemment soit inconsciemment. D'où le recours fréquent, chez Cage ou Morellet entre autres, à des contraintes extérieures, substituts « objectifs » du créateur lui permettant de prendre de la distance par rapport à l'œuvre.

Ainsi, en même temps qu'une des formes de son activité démarquant le mieux l'homme du reste du règne animal, l'art rappelle qu'il s'enracine dans la dimension hasardeuse de l'existence, et qu'il suit des chemins moins cartésiens qu'on ne nous le laisse croire d'ordinaire. Contrairement à l'opinion commune donc, être artiste ce n'est pas *tout* contrôler. Indéniablement une part de contrôle est nécessaire à la réussite artistique, mais celle-ci se fomente également dans l'ombre, à l'abri des regards du créateur. L'artiste crée de la nécessité à partir d'un contexte fondamentalement changeant et contingent : plutôt que soumettre la réalité aux velléités de mégalomane qu'on lui prête, il opère des choix, filtre les accidents du monde et en tire son œuvre. Suivant Baudelaire, avec de la boue, il fait de l'or. L'art n'est pas une victoire sur le hasard, mais son accommodement.

# Chapitre V

## Le hasard et la philosophie

« J'écrirai ici mes pensées sans ordre, et non pas peut-être dans une confusion sans dessein : c'est le véritable ordre, et qui marquera toujours mon objet par le désordre même. Je ferais trop d'honneur à mon sujet si je le traitais avec ordre, puisque je veux montrer qu'il en est incapable. »

Pascal

Dernier des grands domaines de l'activité humaine questionnés dans cet essai, la philosophie. Pourquoi ? Parce que, en tant qu'elle est « amour de la sagesse », l'homme est en droit d'en attendre, sinon une réponse, du moins des conseils quant à la question du hasard. Ceci étant, on peut se demander si cette attente est fondée dans les faits. Le traitement philosophique du hasard est-il en effet à même d'aider l'homme à déterminer s'il est ami ou ennemi ?

Les philosophes, historiquement, ont adopté trois positions différentes à l'égard du hasard, chacune déterminant une *Weltanschauung* bien particulière. Ces conceptions du monde ont naturellement d'importantes conséquences sur la place qui est faite au hasard à une époque donnée, mais plus encore, elles pèsent lourdement sur la façon dont l'homme se comporte par rapport à lui. La première de ces positions a déjà été abordée dans cet essai, et ne sera donc traitée que brièvement.

## 1 – NO CHANCE [1]

« Dieu ne joue pas aux dés. »
ALBERT EINSTEIN

### La religion

Cette position, première aussi bien en termes de popularité qu'historiquement, nie purement et simplement le hasard en tant que concept à part entière. C'est évidemment sous les traits de la religion, de la « dimension métaphysique », que cette négation s'est d'abord exprimée. Mais comment s'y est-elle prise pour en venir à bout ? Le premier outil tient au récit de la création du monde. Toutes les cosmogonies servent en effet à poser l'origine de ce qui *est*, à donner à la vie une cause primordiale, à partir de

1. L'expression, anglaise, peut être comprise de deux façons : « pas de hasard » et « ça ne risque pas ».

laquelle tout s'explique. C'est la raison précise pour laquelle toutes opposent un *avant* et un *après* la création. L'avant se caractérise immanquablement par son flou et son effrayante teneur en désordre, d'où l'idée reine de « chaos » originel, ainsi que le montre par exemple Ovide dans ses *Métamorphoses* :

> Avant la mer, la terre et le ciel qui couvre tout, la nature, dans l'univers entier, offrait un seul et même aspect ; on l'a appelé chaos ; ce n'était qu'une masse informe et confuse, un bloc inerte, un entassement d'éléments mal unis et discordants.

Du coup, si le monde actuel est « plein », l'« avant-monde » était vide ; s'il est constitué d'êtres différents les uns des autres, celui-ci était parfaitement indistinct, non différencié ; puisque la vie dépend tant de la lumière, à l'origine régnait l'obscurité...

> Égypte : « Le Noun, eaux inertes, dont les forces négatives cherchent à empêcher l'organisation de l'ordre. »
>
> Polynésie : « Po, vide dépourvu de lumière, de chaleur, de son, de forme et de mouvement. »
>
> *Rig Veda* : « Il n'y avait alors ni le non être ni l'être.
> Il n'y avait ni air, ni firmament.
> Qui portait le monde ? Qu'englobait-il ?
> Qu'était l'eau sans fond et impénétrable ? »
>
> Yoruba : « Obatala est envoyé par son père créer le monde à la surface des eaux primordiales marécageuses. »
>
> Christianisme (*Genèse*) : « La Terre était informe et vide : il y avait des ténèbres à la surface de l'abîme. [...] Dieu sépara la lumière d'avec les ténèbres. »

Le mythe des origines fonctionne donc avant tout comme un *exorcisme* : ce qui nous fait peur, ce qu'on ne veut pas associer à notre environnement quotidien, se trouve relégué à un « avant » parfaitement délimité, un état des choses (dé)passé, séparé du présent par l'événement fondateur de la création. On mesure par là que l'homme a conscience de ces forces négatives que sont le désordre, le vide, le marécage, l'obscurité, le manque, l'immobilité, et que, pour mieux les appréhender, pour tâcher de vivre en bon voisinage avec elles, il doive les isoler dans un passé qui n'a plus aucun lien avec lui.

Grâce au récit de la création, le monde est donc assis sur des bases solides, la divinité. Or cette totalité, en plus de son utilité « existentielle », puisqu'elle assure à l'homme que sa vie a un sens, a une utilité épistémologique bienvenue. Car au niveau quotidien, l'homme est toujours confronté à des événements qui semblent advenir sans raison apparente : l'éruption d'un volcan, une longue sécheresse… Ce qui pourrait être fort dommageable à la religion, dans le sens où elle postule indirectement que tout a une raison d'être. C'est là qu'entre en scène le fameux argument de l'ignorance. L'idée même de Dieu rend impossible l'avènement de faits dépourvus de raison : l'éruption de tel volcan, le déclenchement de tel ouragan, sont inexplicables à notre échelle, mais c'est simplement parce que nous ne sommes pas dans la confidence des dieux. Savoir qu'une catastrophe naturelle est « voulue » ne change donc rien à ses conséquences physiques, mais psychologiquement, cette connaissance donne comme une prise sur le phénomène, elle ramène sa dimension insaisissable à du connu. Ce qui est aisément concevable : un film d'horreur ne fait pas le même effet qu'on en connaisse le déroulement ou non ; un meurtre particulièrement sauvage dont on a trouvé le coupable ne provoque pas le même sentiment que celui qu'on n'a pu attribuer ni à un homme, ni à un loup, ni à aucune autre bête « connue [2] ». Moralité : mieux vaut une explication, même fumeuse, que pas d'explication du tout.

La position religieuse entraîne par conséquent une conception très rigide du libre arbitre de l'homme : celui-ci est, en effet, *soumis* aux forces supérieures. Il en est le jouet ; autrement dit, il n'a aucune marge de manœuvre réelle, et ce qu'il prend pour son libre arbitre est en fait une détermination qui lui échappe.

### Les sciences

> « Partout où le hasard semble jouer à la surface, il est toujours sous l'empire de lois internes cachées, et il ne s'agit que de les découvrir. »
>
> ENGELS

Face à ce que d'aucuns appellent l'obscurantisme religieux, on entend parfois parler des « lumières » de la science. Cela n'implique pourtant pas forcément une incompatibilité entre les deux : beaucoup de scientifiques passés et actuels sont des croyants, et inversement,

2. Leçon de l'affaire Jack l'éventreur et de tous les monstres légendaires rôdant dans certaines régions : la vouivre, le loup-garou, le vampire, Lochy…

certains athées rejettent la science. Cependant, historiquement, l'explosion de la pensée scientifique est liée à une profonde remise en cause de la pensée religieuse. Ce qui, là encore, se comprend facilement : après tout, si les exégètes chrétiens affirment que la Bible donne 6 000 ans à la Terre, on est en droit de questionner sa validité si l'on trouve des preuves concluantes montrant qu'elle est vieille de plusieurs milliards d'années.

Quoi qu'il en soit, s'il est bien une divergence radicale entre science et religion, c'est au niveau de l'explication. L'explication mythique est une invention pure et simple, deux brins d'imagination, un de poésie et trois de présentation, qui imposent une façon de penser sur la réalité, sans aucun égard pour son fonctionnement véritable : telles îles sont nées du sang perdu par tel dieu, les éclairs sont les traces visibles de la colère de Zeus... La science, quant à elle, plutôt que de partir d'idées préconçues sur ce qui *doit* être ou ne pas être, cherche à comprendre comment cette même réalité se goupille. La Terre tourne autour du Soleil ? Très bien, mais pourquoi tourne-t-elle, pourquoi à cette vitesse, et ainsi de suite... Du coup, en prenant la place des explications mythiques, la science a forcé à une ré-interprétation des textes religieux : maintenant, la Bible est un texte *symbolique*. Autrement dit, la religion s'est vu imposer un partage des tâches très politiquement correct : à elle le *pourquoi*, aux sciences le *comment*.

Étrangement pourtant, ce changement de régime n'a pas eu les effets qu'on aurait pu attendre sur le statut du hasard. Avec l'avènement des sciences en effet, il aurait pu sembler que le monde en général, et l'homme en particulier, allaient retrouver une part de liberté, libérés qu'ils étaient, désormais, du joug transcendant. Mais il n'en fut rien, en tout cas jusqu'au XXe siècle, ainsi qu'on l'a vu dans le chapitre précédent. Donc, en dépit des apparences, le déterminisme religieux n'a cédé la place qu'à un autre déterminisme, scientifique celui-là : la figure de Dieu le Père s'efface devant celle du *matérialisme*. L'Horloger voltairien a beau ne plus être de la partie, le mécanisme n'en est pas moins bel et bien présent. Pour ce qui est de la liberté de l'homme, ce changement de perspective, mais non de conclusions, n'a logiquement aucune incidence sur le rapport entre hasard et ignorance. Autre religion, même conviction : l'irrégularité et l'inconnu décrivent des phénomènes dont les causes ne sont *pas encore* connues, ainsi que le déclinent des sommités telles qu'Einstein (« Le hasard, c'est Dieu qui se promène incognito »), Anatole France (« Le hasard est le pseudonyme de Dieu lorsqu'il ne voulait pas signer »), ou Émile Borel (« Le hasard, ce sont les lois que nous ne connaissons pas »).

## 2 – LE HASARD ÉVÉNEMENTIEL

> « Ce n'est pas le hasard, mais la finalité qui règne dans les œuvres de la nature, et à un haut degré. »
>
> ARISTOTE

La seconde position philosophique possible sur la question du hasard est celle, selon l'expression de Clément Rosset, du « hasard événementiel ». À côté des penseurs qui excluent catégoriquement le hasard de leur philosophie, il y a ceux qui, moins dogmatiques, s'interrogent sur le bien-fondé du tout causal, ou plutôt du « tout prévu ». Non pas tant pour remettre en cause le déterminisme en tant que tel que pour rendre compte de façon à peu près raisonnable le fait qu'une réalité fonctionnant sur des bases mécaniques puisse intégrer des événements non mécaniques.

Le représentant le plus connu de cette catégorie est sans doute Aristote ; en raison de la place qu'il a faite au hasard dans sa pensée, il a d'ailleurs parfois reçu l'appellation de « penseur de la contingence ». Dans sa *Physique*, il critique en effet ceux de ses prédécesseurs qui lui tournent le dos : « Il est bien étrange que les sages n'aient pas admis le hasard ; ou s'ils le reconnaissaient, qu'ils l'aient si complètement passé sous silence. » Pour lui en effet, « il y a une foule de choses qui se produisent et qui sont par l'effet du hasard et spontanément ». Mais le hasard aristotélicien est d'un genre particulier. Tout, en effet, est pour le philosophe le fruit nécessaire d'une *cause*, notion qu'il divise en quatre catégories distinctes : la cause *matérielle*, ce dont une chose est faite ; la cause *formelle*, qui permet la conformité de l'essence à la chose même ; la cause *efficiente*, par laquelle la chose est produite ; et la cause *finale*, celle en vue de quoi la chose est faite. On le voit, le hasard n'en fait pas partie : c'est, en effet, une cause indirecte et accidentelle, ou *modalité causale*, autrement dit, une des façons dont l'une des quatre causes peut advenir.

Or, Aristote pose dans ses *Petits traités d'histoire naturelle* que « la nature agit en vue d'une fin ». Pour lui, ce qui est, tel cheval, tel roc, telle couleur du coucher de soleil, est le produit de causes *menant* à lui. Le monde, et tout ce qui le compose, est guidé par sa fin, son but, son dessein. Comment dès lors concilier hasard et finalisme ? Car si le hasard est accidentel, et s'il désigne « ce qui se produit par soi-même », il doit forcément échapper au finalisme. En effet, dit-il, mais il s'en sort en expliquant que, « à parler absolument, le hasard n'est jamais cause de quoi que ce soit. » Ce qui ne signifie pas qu'Aristote retourne sa veste au dernier moment, mais que le hasard se révèle être comme surnuméraire, un surplus qui n'affecte tout compte fait pas la finalité. Ainsi qu'il l'explique : « comme ce qui est accidentel ne peut être antérieur aux choses en soi, il est clair que jamais non plus la cause accidentelle n'est antérieure à la cause essentielle. Donc, le hasard et le spontané ne viennent qu'après l'Intelligence et la nature. » Il en va ainsi de deux ordres de grandeur différents : ma finalité propre consiste à m'affirmer de plus en plus en tant qu'homme, à faire correspondre toujours plus l'individu (moi) et le concept (homme) ; et, sur ce fond, se rajoute le hasard, qui existe, mais ne trouble pas le principe « en vue d'une fin ». En somme, le hasard est un peu comparable à une mouche qui se pose sur mon nez quand je vais au supermarché : même si elle est bel et bien là, noire et poilue au bout de ma péninsule, en théorie au moins elle n'aura pas d'incidence sur mon but.

Antoine-Augustin Cournot est un autre penseur célèbre du hasard événementiel. Célèbre en tout cas par le biais de sa définition du hasard comme étant la « rencontre de deux séries causales indépendantes. » À strictement parler, elle ne change rien au statut philosophique de la notion, qui garde chez lui et beaucoup d'autres la même place que dans la pensée d'Aristote, mais en plus d'être facilement mémorisable, elle signale un intéressant changement dans la prise en compte intellectuelle du hasard. Cournot a écrit sur le sujet à l'époque où les sciences commençaient à s'intéresser d'assez près aux probabilités, où l'économie se rationalisait et se complexifiait suffisamment pour nécessiter le recours, entre autres outils, à des approches statistiques de plus en plus pointues. La définition de Cournot témoigne de ce nouvel état d'esprit, enclin à délaisser les sphères onto-théologiques pour s'intéresser aux conséquences plus pragmatiques, et pratiques, des concepts. Que le hasard soit défini comme la rencontre de deux séries causales indépendantes témoigne d'autres implications, et d'autres soucis, que s'il est envisagé comme une cause-indirecte-qui-est-soi-même-sa-propre-cause. En prenant ce parti, Antoine-Augustin et l'Occident se tournent résolument vers l'explication matérielle, concrète, voire « mécaniste », du hasard, qui n'est donc autre que l'intersection de deux enchaînements causaux qui n'ont rien à voir l'un avec l'autre. Certains enchaînements causaux sont ainsi « faits » pour se rencontrer, parce qu'ils font partie du même « monde » : le paparazzi et la star, le lion et la gazelle, le livre et le libraire, etc. Pour Cournot, le hasard fait se rencontrer des enchaînements logiques qui ne font justement *pas* partie du même monde, qui n'ont aucune raison d'être réunis : par exemple, la tuile qui tombe sur la tête du piéton. L'indépendance de sa formule n'implique donc pas une quelconque a-causalité : elle est obtenue de façon parfaitement déterministe. En d'autres termes, Cournot répète à sa manière l'idée courante que le hasard est avant tout ignorance : il suffirait de connaître l'état exact du monde à l'instant $i$ pour le prédire tout aussi exactement à l'instant $i + 1$.

Ces quelques lignes sur le hasard événementiel devraient suffire pour dresser un portrait des philosophies qui le conceptualisent. L'élément le plus important en est le suivant : le hasard arrive « après la bataille », ou plutôt il a lieu dans un paysage dont il ne figure qu'une curiosité sans conséquence. Le philosophe Marcel Conche, dans son *Aléatoire,* range les pensées de ce type sous le terme de « substantialisme ». Le substantialisme soutient l'idée que ce qui « est » est l'être, ou la substance. Mais qu'est-ce qu'une substance ? Étymologiquement, c'est ce qui se tient (*stare*) dessous (*sub*) : autrement dit ce qui existe par soi-même, sans relation à autre chose. Elle décrit la vérité, l'idée abstraite et pourtant définitoire de telle ou telle chose. Par là, elle est corrélative de la notion d'*essence.* Par exemple, la substance de la blancheur n'est pas telle colombe ou tel flocon de neige, mais ce dont découlent ces objets, ce qui renferme tout ce qui a été, est et sera blanc. Elle jouit donc de la qualité de permanence, car rien de ce qui peut arriver à un objet blanc ne peut affecter le fait qu'il soit, ou doive être, blanc. Même si l'on peint méticuleusement une blanche colombe en vert fluo, elle sera toujours une blanche colombe – le vert est un ajout qui n'altère en rien son *être. Sub-stare* : grattez un peu, la vérité refera surface.

Or, Aristote le confirmera, il n'y a que les êtres qui soient ; le reste n'est qu'accident, et n'a pas d'existence propre. En d'autres termes, l'événement chez les substantialistes n'existe pas, *n'a pas de réalité.* Ou plutôt il existe, mais sans avoir de substance. Donc de permanence. Donc de réalité. C'est la raison pour laquelle Conche peut résumer cette position en parlant d'« événement subordonné à l'être ». La substance est l'immobilité par excellence, l'immuable, et le monde n'est constitué que de substances, ce qui fait qu'il ne bouge pas. Le mouvement qu'on observe si facilement en ouvrant les yeux, à strictement parler, n'*est* pas : il *arrive à* des êtres. Les êtres bougent, se meuvent, mais ce mouvement ne fait pas partie de leur essence, c'est une qualité temporaire qui n'a aucun impact sur la substance de l'être. Se promener, s'asseoir, bien se porter : « Aucun de ces états n'a par lui-même une existence propre, ni ne peut être séparé de la substance, mais, s'il y a là quelque être, c'est bien plutôt ce qui se promène qui est un être, ce qui est assis, ce qui se porte bien », explique Aristote dans sa *Métaphysique*.

Ces remarques expliquent que le hasard événementiel ne soit pas en contradiction avec le déterminisme, qu'il soit théologique ou matérialiste. Dieu ou les lois de la matière et de la vie ne sont, à tout prendre, que la substance de la substance, l'essence de toutes les essences. Tout au plus le hasard événementiel est-il partisan d'un déterminisme nuancé, qui inclue dans son interprétation l'existence à la fois de règles et à la fois d'absence de règles.

## 3 – LE HASARD ORIGINEL

« Être ou ne pas être, telle est la question. »
WILLIAM SHAKESPEARE

### L'atomisme

« L'absolu flux de l'événement. »
NIETZSCHE

Troisième position, après celles de l'absence de hasard et du « hasard, oui mais... », la position défendant la vision d'un monde où le hasard serait essentiel, ou « originel » dans les mots de Rosset. Pour le philosophe, la difficulté attachée aux autres analyses du hasard est qu'elles ne peuvent se passer d'une *origine*. Sans elle, pas de dieu, mais pas non plus de finalisme aristotélicien. Or, l'idée d'origine, en ce qu'elle postule un univers et un temps finis, a été critiquée dès le début de la philosophie, par Anaximandre ou Anaxagore, mais surtout par les atomistes (Démocrite, Épicure et Lucrèce).

L'atomisme considérait ainsi que le monde était infini, et en particulier que l'être se composait d'un nombre sans fin de parties minimales, insécables, les fameux *atomos*. Cette « découverte » de l'atome est d'ailleurs sidérante. Même si la perspective est ontologique plus que physique, elle fait preuve d'autres intuitions qui trouveront également confirmation dans la physique du XX<sup>e</sup> siècle, près de 2 500 ans plus tard ! Parmi elles, le fait que le monde soit constitué de matière et de vide (les atomes et ce qui les sépare). Au niveau ontologique, cette idée revient à reconnaître l'existence à la fois de l'être et du non-être, dualité qu'on retrouve aujourd'hui dans l'opposition matière/antimatière. Au reste, parmi les doctrines de l'époque, l'atomisme figurait la conception la plus radicalement matérialiste.

Une des difficultés majeures rencontrées par l'atomisme est d'expliquer que le monde évolue, et, avant ça, que le monde, tout simplement, *existe*. Car comment de si minuscules corps dépourvus de Guide Suprême peuvent-ils bien s'agglutiner pour former les étoiles, la Terre et les êtres vivants ? La réponse tient dans le *clinamen,* aussi appelé déclinaison, et dont on attribue l'invention soit à Lucrèce, soit à Épicure. Le clinamen décrit peut-être le premier phénomène hasardeux théorisé par l'homme : c'est en effet la déviation *acausale* d'un atome par rapport à sa trajectoire typique. Car les atomes atomistes tombent, éternellement, en ligne droite et verticale, et ne devraient donc jamais se rencontrer. Par conséquent, si l'on refuse la supervision divine et la détermination finaliste, il ne reste guère, pour justifier ce qui est, que le hasard.

Les implications de cette notion sont dévastatrices. En premier lieu, le clinamen anéantit l'idée même d'essence. Un véritable raz-de-marée. Un cataclysme philosophique. Pas d'essence, cela veut dire, une fois pour toutes, pas de dieux. Cela veut aussi dire qu'on tire un trait sur les repères métaphysiques et les consolations de l'absolu. Rien ne dépasse le physique ; rien n'atteint l'absolu, qui n'existe pas. La mort est la mort, la morale est affaire d'hommes, et les valeurs n'ont rien de supérieur. En résumé, tout est artifice, si par « nature », on entend fond sur lequel s'inscrirait un « reste » mal défini. Il n'y a pas de nature, pas de principe unificateur et apaisant à la base du *tout*, rien que des événements hasardeux séparés qui forment parfois, par accident, un grand feu d'artifice. Le monde de Lucrèce, et de tous les penseurs du hasard originel, est « tragique », selon Rosset : né du hasard, il ne va nulle part.

À la base de tout ce qui est et existe, que ce soit la Voie lactée ou une bouse de vache, un événement incompréhensible, un événement dépourvu de raison, aléatoire, fortuit, a mené, de fil en aiguille, à un tas plus ou moins complexe d'atomes plus ou moins crochus. Le renversement est on ne peut plus total avec les thuriféraires du hasard événementiel : ces derniers plaçaient le hasard après l'ordre ; Lucrèce et ses descendants expliquent l'ordre comme un *accident du hasard*, comme un *cas particulier du désordre* ! Du coup, l'ordre constaté au jour le jour ne veut rien dire, car il repose sur des bases purement accidentelles, et fondamentalement contingentes. Cette conception du hasard en fait ainsi peut-être le seul principe « ontologique » susceptible d'une tolérance telle qu'il englobe à la fois le déterminisme, son contraire, et tout ce qu'il y a entre les deux : les penseurs du hasard originel ne doivent pas « tolérer » la causalité et les lois, comme s'ils affirmaient que tout est hasard, que n'existe que le hasard et que tout ordre est illusion. Il est en effet illusion, mais seulement au niveau « ontologique », puisque cet ordre dont on fait l'expérience ne renvoie à *rien*. Pour faire court, le clinamen lucrétien explique *tout*, car il ne pose rien. Ne posant rien, il n'exclut rien, et permet donc tout.

Contre les substantialistes, on trouve donc les mobilistes. Leur père spirituel est probablement Héraclite, lequel affirmait que le fleuve dans lequel on plonge la main n'est jamais le même. Que faut-il y comprendre ? Simplement, que rien n'est immuable, que tout change. À l'inverse des substantialistes, les mobilistes posent le mouvement, l'état de passage, le processus *en cours*, comme la seule vérité de l'être. Point d'être donc, de substance, d'essence. Ainsi que l'explique Conche : « L'être n'est qu'un être-pour. Or, être-*pour*, c'est apparaître-*à*. Dès lors l'être et l'apparaître se confondent. » Du même coup, on comprend 1) qu'une ombre relativiste puisse flotter au-dessus du mobilisme (l'apparence étant relative à chacun), et 2) que toute notion de vérité devienne une affaire de convention, à un moment donné et en lieu donné, entre plusieurs « êtres ».

Là encore, le parallèle avec la science contemporaine est assez troublant : aujourd'hui la matière est une masse d'électrons, de quarks, d'ions et autres neutrinos en *flux constant*[3]. Je ne suis pas un état précis, taillé dans l'airain,

3. Des sciences à la philosophie en passant par les arts : John Cage suit un raisonnement similaire lorsqu'il écrit *Silence* (1961) et certaines de ses œuvres amplifiées. Le morceau est bien moins une blague dadaïste que l'illustration de l'idée que le silence n'a aucune réalité. C'est simplement un cas particulier du bruit. Mais si le silence n'est pas, le bruit non plus, finalement. Et il faut alors voir le tout comme un tas indistinct de quelque chose d'étrangement indéterminé. Adieu la dualité claire et nette de la tradition européenne.

d'atomes. Je suis traversé à chaque seconde par des milliards de particules qui bousculent mon « être » de la seconde d'avant, et, tel un fleuve, une cartographie volée à l'instant montrerait combien j'ai changé depuis l'instant précédent. Pour Conche, le mobilisme remplace ainsi la formule « l'événement subordonné à l'être » du substantialisme par celle-ci : « la réduction de l'étant aux événements ».

**L'homme libéré ?**

Puisque le déterminisme, aussi bien théologique que matérialiste, rejette dans le même mouvement hasard et liberté, on pourrait être en droit de se demander si l'introduction (très partielle dans le substantialisme, et entière dans le mobilisme) du premier conduit à une reconnaissance parallèle de la seconde. Il semblerait ainsi que le clinamen lucrétien ait servi à concilier la vision matérialiste de l'atomisme et le libre arbitre. Car s'il est vrai que tout est matériel, déterminé, et que l'homme ne décide de rien, il est indéniable que le clinamen constitue une rupture dans cette détermination : « si toujours tous les mouvements sont solidaires, si toujours un mouvement nouveau naît d'un plus ancien suivant un ordre inflexible, si par leur déclinaison les atomes ne prennent pas l'initiative d'un mouvement qui rompe les lois du destin pour empêcher la succession indéfinie des causes, d'où vient cette liberté accordée sur terre à tout ce qui respire ? », lit-on dans le *De Rerum Natura*.

Ce passage est très éclairant quant à la nature de la liberté lucrétienne, car on y découvre qu'elle n'est pas tant conçue comme liberté de décision que comme liberté par rapport à la causalité pure. Le clinamen ne permet donc pas forcément d'établir le libre arbitre, même s'il pose l'existence de fréquentes contrevenances au caractère implacable du schéma cause-effet. Parfois, voire souvent, ce qui aurait dû arriver n'a pas eu lieu : les attentes sont trompées, les espoirs déçus, et par extension les intentions, les décisions et les actions humaines échappent à la prévision. Mais qu'en est-il si l'on choisit de définir la liberté comme capacité de décision ? Pour que le hasard rende possible cette forme de libre arbitre, il faudrait qu'existe un lien entre l'aléatoire et l'intentionnel. Or, là encore, il semble que le hasard déçoive, car il n'appartient pas à l'homme : le hasard existe en lui-même, et ce qui le caractérise est justement d'échapper à toute emprise, que ce soit celle de Dieu, du monde ou de notre volonté. Pour aller vite, si ma décision de boire un verre de Château Cheval-Blanc 1947 est le résultat d'un processus physique aléatoire (deux neurones qui font une mauvaise rencontre) au lieu d'être véritablement la mienne, il n'y a aucune différence qualitative avec un décret divin ou le matérialisme le plus mécaniste. Partant, et pour contradictoire que cela puisse paraître, accepter le hasard dans notre vision du monde n'implique en rien une remise en question du déterminisme radical, du déterminisme qui réduit nos agissements à des réactions chimiques.

## Clément Rosset

De prime abord, la philosophie ne semble donc pas gagner grand-chose lorsqu'elle se penche sur le hasard. Peut-être une compréhension plus fidèle, plus englobante, de la réalité, mais c'est peu, particulièrement en ce qui concerne le questionnement de l'intérêt de l'homme dans la notion. En un sens, on pourrait même voir dans la pensée du hasard un argument en faveur de l'hypocondriaque, de l'allergique à l'imprévu : en remplaçant le déterminisme métaphysique, elle supprime en effet le confort moelleux des certitudes, et ouvre les portes à l'absurde. Toutefois, si on laisse de côté la question insoluble du libre arbitre, une analyse plus poussée de la question permet de mettre au jour ses ressources inespérées. Cette analyse, nous la devons à Clément Rosset.

Il est tout à fait possible que ce nom ne dise rien au lecteur, même s'il est amateur de philosophie. Ancien élève de Normale, publié chez des « grands » de la philosophie – PUF Quadrige, Minuit –, traduit et bien connu dans le monde hispanophone, Rosset est pourtant souvent ignoré par la philosophie officielle française. Reconnaissons que Rosset est un marginal. Il aime ainsi illustrer ses raisonnements par des exemples qu'il prend à l'extérieur à la philosophie : à côté de Hegel, Platon ou Cioran, il invoque également Marcel Aymé, Ravel, Vermeer, Nerval, Molière, le Titanic ou encore Tintin pour faire valoir ses idées. Rosset possède un style presque classique, clair et limpide. Exemple dans la phrase d'ouverture du *Réel et son double* : « Rien de plus fragile que la faculté humaine d'admettre la réalité, d'accepter sans réserves l'impérieuse prérogative du réel. » Autre exemple, tiré de *L'Anti-Nature* : « C'est aujourd'hui un lieu commun que d'affirmer la clairvoyance et le réalisme de la pensée de Rousseau : toute critique est réputée malveillante, malavisée, et suspecte de prêter à Rousseau une naïveté qui n'aurait jamais été la sienne. »

En soi, ces caractéristiques – auxquelles il faut ajouter l'irrévérence [4] – suffiraient presque à expliquer que Rosset n'ait pas la faveur de l'establishment philosophique. Ceci étant, il semble possible de soutenir l'idée que ces crimes de lèse-majesté ne sont que la partie émergée de l'iceberg. La véritable raison de son « ostracisme forcé » tient, au bout du compte, à sa pensée. Pensée si dérangeante qu'elle doit être soit mise à l'index, soit raillée. Rosset est en effet le seul philosophe dont il soit possible de dire avec autant de certitude que toute la pensée se déduit de cette prémisse capitale : le hasard. Par souci de clarté, j'ai choisi de résumer ici cette pensée à l'aide de deux égalités : réalité = hasard, et tragédie = approbation [5].

4. Ainsi que l'atteste sa *Lettre sur les chimpanzés*, collage hilarant des tics langagiers et des aspirations universalistes de l'intelligentsia philosophiques des années 60-70. Citons pour information l'expression « chimpanzés-pour-autrui-dans-le-monde », ou le passage suivant : « Il n'est pas rare, lorsqu'on aborde autour de soi la question des Chimpanzés, d'entendre déclarer froidement que le Chimpanzé est un animal. Même en tenant pour assurée cette proposition, il resterait à nous demander ce que c'est qu'un animal. Expression vague et confuse s'il en est. »

5. Naturellement, tout ce que je dirai pourra être retenu contre moi.

*Réalité = hasard*

Rosset est un mobiliste, le sens qu'il donne au hasard est celui de « hasard originel », expression qui lui revient. Le hasard est *premier* et *prime*, par quoi il faut comprendre que moi, Jésus et le tyrannosaure, poches de régularité, en descendons : « produisant tout, le hasard produit aussi son contraire qui est l'ordre. » On l'a vu avec Lucrèce, cette idée implique l'annihilation de l'être, partant de la nature. Pour Rosset, il ne peut donc y avoir que de l'artifice (il appelle d'ailleurs le mobilisme « artificialisme ») : tout est invention accidentelle qui s'ajoute au rien qu'est le hasard ; rien au juste ne diffère de rien, tout et tous sommes dans le même bateau. Comme Lucrèce, les stoïciens ou Montaigne, Rosset ne parle dès lors que de convention : ce qu'on nomme *vérités* de l'humanité, telles que la prohibition de l'inceste, l'amour maternel, etc., ne correspond justement pas à des vérités supérieures, mais plutôt à une pratique parmi d'autres qui, selon une logique évolutionniste, a peu à peu pris le dessus sur elles, et qu'on a tendance aujourd'hui à élever, par myopie, au rang de certitude transcendante.

Ces considérations ont une conséquence de poids pour ce qui est de la réalité. Ce qui interpelle Rosset dans cette notion éculée, c'est qu'on en ait tant parlé sans, finalement, en dire grand-chose. En fait, et c'est toute la perspicacité de son analyse, on n'a jamais parlé d'elle qu'en renvoyant à quelque chose d'autre – pour tout dire un *double*. Qu'est-ce que la réalité ? C'est la « nature », c'est ce qu'a créé « Dieu », c'est tout ce qui existe « en vertu de... », etc. Autrement dit, on n'a accès à ce qu'est le réel qu'en faisant un détour supposé nécessaire. La question que pose Rosset est donc la suivante : pourquoi s'évertuer à la définir, cette insaisissable réalité ? La création d'un double nous permettant, par écho, d'y accéder, en pratique nous en éloigne. En un mot comme en cent, ce que reproche Rosset à tous les doubles qui existent est qu'ils parlent d'un *désir*, et non point de l'objet qu'ils sont censés éclairer. Dire que la réalité est le fait de Dieu ne dit strictement rien du réel, mais lui donne une cause imaginaire. Or, pour Rosset, il faut se rappeler que rien n'est cause du réel. Le hasard, par « nature », n'est pas un phénomène explicatif. Une explication est une raison, or le hasard est dénué de toute raison. Partant, on se retrouve confronté à une alternative : ou bien, comme la majorité, on s'enfuit dans les brumes désirantes du double, ou bien on accepte que la réalité nous soit inaccessible. Ou plutôt, qu'elle se réduise à une *expérience*, et échappe nécessairement à toute *intelligence* : « Étant donné que le réel est indescriptible, inconceptualisable, il suffit que l'intelligence s'en mêle pour qu'il disparaisse, parce que – c'est exactement ce que disait Plotin – ce qui existe c'est l'Un. » L'Un, l'unité, c'est-à-dire ce qui ne se divise pas, ne donne naissance à aucun *double*. La réalité est *atomique*.

D'où, logiquement, l'adoption par Rosset du principe d'identité : X n'est pas comme Y, mais comme… X. Dans ses termes : « J'appellerai ici réel tout ce qui existe en fonction du principe d'identité qui énonce que A est A. J'appelle irréel ce qui n'existe pas selon ce même principe. » Application : Dieu est Irréel, puisque prouver Son existence implique de parler d'autre chose : preuves *par* ceci, preuves *par* cela... À l'inverse, le réel n'a pas besoin de preuve, puisqu'il *est*. C'est la raison pour laquelle Rosset parle invariablement de tautologie – le réel est tautologique puisqu'il ne se définit que par lui-même [6] – et d'idiotie de la réalité – en grec, *idiotès* signifie unique, singulier.

*Tragédie = approbation*

Cette idiotie du réel a ceci de terrible qu'elle fait s'évanouir, n'en déplaise à Boèce ou de Botton, tout espoir de consolation de la philosophie. Elle est la dernière confirmation de ce que l'absurde règne, de ce que rien ne se cache en sous-main pour nous venir en aide au moment opportun. C'est ce que Rosset appelle la tragédie du réel. Mais Rosset étant Rosset, cette tragédie n'est pas celle qu'on imagine. N'y subsiste, en effet, de la tragédie antique ou classique que le côté *désespéré*. La tragédie rossétienne est tragique dans le sens où rien en elle n'est plaisant, en tout cas en première main. Bien sûr, les forces en jeu dans les deux tragédies sont parfaitement étrangères. La tragédie telle qu'on l'entend d'habitude se fonde sur la lutte forcément inégale entre un homme et son destin. Pour Rosset, l'idée de destin n'a aucune réalité, et ce qui scelle sa tragédie est bien plutôt la réalisation de l'idiotie, de l'absence assourdissante de fondation de ce qui est. Ce raisonnement l'invite à une éclairante relecture d'*Œdipe roi*. Dans cette fameuse pièce de Sophocle, les

6. « C'est justement la *définition* du réel que d'être sans définition [...], ou du moins sans autre définition qu'une redite de son propre fait. »

parents d'Œdipe, à cause d'un oracle leur ayant dit que leur fils finirait par tuer son père et coucher avec sa mère, décident de le faire tuer. Mais le berger à qui ils confient la tâche est pris de pitié et se contente de le laisser dériver sur une rivière. Or, un couple le découvre et l'adopte. Œdipe grandit, et a, par miracle, vent de la prophétie en question. Pris de panique, il décide de s'enfuir. À un carrefour, suite à une dispute, il tue un homme – son père naturel. Puis, au bout de sa route, il tombe sur Thèbes et libère la ville de la peste en résolvant l'énigme du Sphynx, en récompense de quoi il finit dans le lit de la reine locale – sa vraie mère.

On explique ordinairement que ce qui est tragique ici est la lente réalisation par Œdipe de l'identité de ses véritables parents. La leçon à en retirer serait donc qu'on n'échappe pas à son destin. Mais pour Rosset, ce qu'illustre *Œdipe roi* est bien autre chose : à ses yeux, ce sur quoi Sophocle met le doigt est le fonctionnement de l'illusion, et le fait qu'elle se fonde sur le double pour exister : « L'essentiel – et le ressort du tragique – est ici que deux choses apparemment distinctes sont en fait une seule et même chose. Illusion d'un Double qui s'évanouit progressivement, d'une duplicité qui apparaît successivement certaine au début (il y a Œdipe, et il y a le criminel), puis comme seulement probable, puis très improbable mais encore possible, enfin impossible. La tragédie d'Œdipe est d'être bien une seule et même personne, qu'on ne saurait décomposer en ses différents rôles ». Leçon à en retirer : à imaginer des doubles, on se casse les dents sur le réel, qui n'est guère plus, guère moins, que lui-même. Comme Nietzsche,

Rosset pense que la vérité n'est pas belle à voir, mais qu'il n'y a qu'elle à voir.

Une telle injonction à la lucidité mène nécessairement au désespoir : l'artificialiste n'est satisfait de son honnêteté intellectuelle qu'à partir du moment où plus aucun double ne subsiste, c'est-à-dire plus aucun « désir ». Rosset parle à ce sujet de « logique du pire ». D'où son faible pour des philosophes qu'on appelle souvent « pessimistes » : Cioran, Pascal, Schopenhauer, voire Wittgenstein. Un journaliste a même utilisé à son sujet l'expression « pessimisme chic ». Mais on va voir que cette description est, en fait, on ne peut plus superficielle.

D'abord, pour comprendre le désespoir rossétien, il est important de mesurer que l'espoir, son contraire, est négatif, puisqu'il fait s'appesantir sur ce qui n'est pas au détriment de ce qui appartient à l'*hic et nunc*. Dans les mots de Rosset : « Tout ce qui ressemble à de l'espoir, à de l'attente, constitue un vice, un défaut de force, une défaillance, une faiblesse – un signe que le goût de vivre fait défaut et que la poursuite de la vie doit dorénavant s'appuyer sur une force substitutive : non plus sur le goût de vivre la vie que l'on vit, mais sur l'attrait d'une vie autre et améliorée que nul ne vivra jamais. » Tout temps passé à rêvasser de Dieu ou autre est du temps perdu pour le réel. L'espoir détourne. Donc, le désespoir de Rosset n'a pas la valeur psychologique négative qu'on lui attribue normalement – ce n'est que la *fin* de l'espoir (des-espoir) –, et ne débouche ainsi pas forcément sur le pessimisme. En d'autres termes, ce n'est pas l'impasse totale qui conduit nécessairement à se jeter d'un pont ou dans un aquarium rempli de piranhas.

Ce que l'individu fait de ce désespoir dépend en fait du choix qu'il effectue au moment du « grand midi » de la lucidité. À ce moment de la pensée de Rosset, il est possible de parler d'une forme de « pari rossétien ». Pascal, en réponse à l'absurdité du monde, posait le sien comme une alternative entre dieu et pas dieu. Rosset, en réponse au tragique de la vie (qui est à peu de choses près la même chose que chez Pascal), offre le choix entre la *tristesse* et la *joie*. Aussi simple que ça. Et aussi compliqué… La tristesse dont il est question ici peut prendre de nombreux masques : le suicide, on l'a vu, et toutes les autres formes de destruction (drogue, alcoolisme, etc.), mais aussi la colère, l'amertume, la croyance, l'engagement politique, l'apathie, le pessimisme, et même l'optimisme – à ne surtout pas confondre avec la joie rossétienne.

Suivant l'analyse du philosophe, cette moitié du pari, la grande famille de la tristesse, ne peut être comprise qu'à condition de saisir qu'elle implique nécessairement un double – partant, un aveuglement plus ou moins volontaire. La tristesse est, en effet, refus de la radicale singularité de la réalité. Dans le cas de la croyance et de toutes les formes d'engagement qui existent, mais aussi de l'optimisme, cette singularité est niée au profit de l'espoir en un réel *meilleur*. Ce qui est n'est pas bon, mais peut être amélioré. Ce que Rosset reproche à cette attitude est qu'elle dépend toujours de quelque chose : elle cherche ses bases à l'extérieur d'elle-même. Or, le problème est que ces bases sont fragiles par nature. Les partisans français de

Staline ou de Mao peuvent bien invoquer l'ignorance comme excuse, il n'empêche que dès lors qu'ils ont bien voulu ouvrir les yeux sur la réalité, leur paix intérieure en a pris un sacré coup [7].

L'autre attitude propre à la tristesse, celle de la démission et du pessimisme, est plus subtile. Après tout, celui qui fait bien ses devoirs et soumet le monde à la logique du pire en arrive nécessairement au désespoir. S'il ne prend pas le parti évoqué à l'instant, c'est-à-dire s'il refuse de se voiler la face, il a l'impression de se retrouver sans rien, nu comme un ver. Lui qui pensait que Dieu existait, qu'il y avait une valeur absolue de la justice, que les hommes étaient méchants par nature... Mais c'est justement là que se trouve son talon d'Achille : le pessimiste, l'apathique, et tous ceux qui s'en rapprochent *regrettent* ce qui n'est pas. Ils ont beau avoir pleine conscience de cette absence, ils n'arrêtent pas de se soupirer : « ah, si seulement... ». Ils ont compris la futilité de se battre pour quelque chose qui ne sera jamais, mais n'arrivent pas à accepter le fait qu'il en soit ainsi. En un sens, si les optimistes et autres activistes sont aveuglés par l'avenir, eux le sont par le passé.

Répétons-le à ce moment crucial : le double est une des formes prises par notre désir. Or, que veut notre désir sinon changer, ni plus ni moins, l'état des choses ? Changer donc le fait que la réalité soit idiote, solitaire, sans appui ? C'est là la mission dernière du double selon Rosset : ce que les optimistes, les fanatiques, les suicidaires, les

7. À défaut peut-être de leur foi dans le communisme.

pessimistes et les apathiques veulent n'est, au juste, pas simplement qu'il fasse beau, que le communisme l'emporte, que la vie soit plus amène ou plus intéressante. Admettons, en effet, un instant qu'un gentil génie exauce leurs vœux. Vont-ils en rester là ? Non. Non, car leur désir changera bientôt de forme, le réel offrira de nouvelles difficultés, et, de fil en aiguille, ils en viendront à créer d'autres doubles. Ces différentes attitudes ne sont, finalement, pas le fruit de réactions à des situations particulières : elles s'enracinent dans l'envie criante de changer la nature même de la réalité. Pour les tristes, la situation sera toujours décevante, en dépit de possibles petites victoires, car aucune réalisation n'affectera la structure de ce qui est : « Tout "progrès" sous-entend en effet et inévitablement le projet fou d'une résolution des maux essentiels par une diminution des maux accidentels : comme s'il pouvait suffire d'une découverte scientifique ou d'une meilleure organisation sociale pour arracher les hommes à leur nature insignifiante et éphémère. »

Dès lors, qu'est-ce que décrit Rosset sous le nom de « joie de vivre » ? C'est le pendant positif, le seul, de son pari. Sa différence essentielle d'avec les autres attitudes est qu'elle est la seule à être *inconditionnelle*. À ne dépendre de rien. Ce qui la rend d'une solidité à toute épreuve, et donc *permanente*. Cette joie se définit en effet par l'acceptation sans condition de la réalité, avec tout ce qu'elle a de beau et de misérable : il y a les coraux d'un côté, de l'autre les enfants qui meurent de faim. Ceci dit, la joie de vivre ne conduit pas à une fermeture à l'émotion : en face d'un poisson-clown, le joyeux s'émerveillera, et en face d'un enfant mourant, il pleurera. Mais ces deux événements ne changeront rien à sa joie de vivre, ils ne confirmeront ni n'infirmeront rien, car, comme le dit Rosset : « approuver l'existence, c'est approuver le tragique ». Cette position n'a, en dépit des apparences, rien de morbide ou de cynique. C'est peut-être même la plus sûre sagesse : « Ou bien la joie consiste en l'illusion éphémère d'en avoir fini avec le tragique de l'existence : auquel cas la joie n'est pas paradoxale mais est illusoire. Ou bien elle consiste en une approbation de l'existence tenue pour irrémédiablement tragique : auquel cas la joie est paradoxale mais n'est pas illusoire. » La nécessaire particularité de cette joie de vivre est donc d'être inexplicable, car dépourvue de raison. Ce qui fait qu'elle ne peut être déduite, mais simplement vécue. Elle rejoint ainsi l'éternel retour nietzschéen : êtes-vous prêt à affronter l'éternelle répétition de votre vie, dans tous ses détails, les plus heureux comme les plus pénibles, les plus embarrassants, les plus douloureux ? Si non, vous êtes encore à la recherche de l'absolu ; si oui, vous faites probablement partie des joyeux.

Vous ne reconnaîtrez donc pas un philosophe artificialiste à sa grande banane : comme vous et moi, et peut-être davantage, il a conscience des défauts de la réalité. Il ne passe pas ses journées à applaudir les faits et gestes plus ou moins ridicules des politiciens, à rire en voyant qu'une ethnie quelconque vient de supprimer de la carte humaine l'ethnie voisine. Mais il a aussi conscience que, pour horribles qu'ils soient, ces événements ne changent rien à rien. Dans sa vision tragique, le philosophe joyeux conçoit les accidents pour ce qu'ils sont, c'est-à-dire des faits n'entraînant aucun *changement qualitatif* : la réalité, rappelons-le, c'est le hasard. Rien, pas même un coup de dés, n'abolira le hasard.

## 4 – RENDRE AU HASARD CE QUI LUI APPARTIENT

Que nous a appris ce bref périple en philosophie ? Qu'il existe une logique derrière l'exclusion du hasard dans les pensées religieuses et toutes celles qui postulent l'existence de « choses » qui nous dépassent, écrites de tout temps et au-dessus de tout. Cette logique veut que le hasard agisse sur ces pensées comme un bon croche-patte sur toute personne qui court : elle s'étale de tout son long. Et en effet, le hasard contredisant toute espèce d'essence, il envoie les religions et autres naturalismes valdinguer, et les dévoile pour ce qu'ils sont, à savoir des désirs soi-disant objectivés, qui ne disent rien du réel, mais beaucoup des personnes qui les nourrissent.

On a également vu que, pris pour ce qu'il est, et suivi du début à la fin, le hasard constitue la clef de voûte de la joie. La reconnaissance du hasard, l'acceptation du tragique et le sentiment de la joie de vivre figurent la trinité de Rosset. Autrement dit, sans hasard, pas de joie possible, mais seulement l'éternelle insatisfaction du chasseur qui *sait* que sa proie existe, sans jamais pouvoir l'atteindre.

Étrangement, la philosophie retrouve donc la conclusion des pages consacrées à la psychologie, conclusions également présentes en sciences et en art : le hasard peut se révéler un allié, *à condition que son rôle et ses implications soient reconnus*. Pour les substantialistes, qui le refusent, il n'est que casse-tête, explicable inexpliqué, connaissable inconnu ; seuls les mobilistes, parce qu'ils rendent au hasard ce qui est au hasard, sont à même de vivre en paix avec lui.

# Chapitre VI

# Le hasard et nous

Le hasard, ainsi que l'a suffisamment montré cet essai, n'est pas une donnée brute ; son sens ne nous est pas imposé, c'est nous qui le lui donnons. La chance par exemple se provoque ; l'artiste fait son chemin à travers, mais aussi avec, les hasards du monde. Clément Rosset, on vient de le voir, a même établi la nécessaire dépendance de l'aléatoire et de la joie de vivre, cette forme de joie que rien ne dépasse et que rien n'affecte. Forts de cet enseignement, l'heure est maintenant venue de nous replacer dans l'optique « sociologique » ouverte avec le premier chapitre. Celui-ci avait dépeint la façon dont le corps social tend à faire la part belle au côté « démoniaque » de l'imprévisible, attisant du même coup les craintes et invitant à des réponses disproportionnées. Avec un tant soit peu de recul, et en gardant à l'esprit ce qui en a été dit dans les chapitres précédents, nombreux sont pourtant les indices que le hasard peut également être au quotidien un allié plus qu'un malfrat.

## Semper errare

« Accepter de se tromper, c'est vouloir apprendre. »
NICÉPHORE WAM

Et si le vrai luxe, c'était le hasard ? Souvent, on entend dire que ce qui compte dans l'existence, ce sont l'argent, l'amour, les enfants, les voyages. Mais si son véritable intérêt, celui dont tous les autres découlent, était de ne pas être *écrite* ? Que chacune de mes décisions ajoute sa petite pierre à l'édifice qu'elle laissera à ma mort ? La vie, purement et simplement *en cours*, jusqu'à ce qu'elle soit en terre ? La vie, que je m'invente au fur et à mesure que je la mène ? La vie aussi, puisque c'est moi qui mène la barque, qui se trompe. Car *je* me trompe, car *l'homme* se trompe... La vie se constitue d'erreurs et de choix judicieux. Certaines de ces erreurs sont irréparables. D'autres peuvent, à plus ou moins long terme, s'avérer, finalement, positives. D'autres encore peuvent être corrigées assez rapidement. Face à une situation donnée, je vais préférer cette alternative à celle-là. C'est la mauvaise. La situation se représente à moi quelques années plus tard : je vais logiquement choisir la bonne.

Exemple bête et méchant sans doute, mais édifiant nonobstant. Ce qu'il met en lumière, c'est la notion d'apprentissage. Par mes erreurs, j'en apprends sur le monde et sur moi. Virginia Woolf conseillait aux jeunes écrivains de ne rien publier avant l'âge de 30 ans. Pourquoi ? Parce qu'elle estimait qu'avant cette limite, il faut expérimenter, autrement dit faire, ou mieux, provoquer, des erreurs, des errements, s'essayer à tout et à rien, créer sans contrainte, n'importe comment s'il le faut, afin, passé l'âge-butoir des 30 ans, de pouvoir faire un choix *informé* sur ce qui fonctionne et ce qui ne fonctionne pas. La même chose est vraie de l'éducation des jeunes enfants : le risque zéro érige en principe moral de ne leur faire courir aucun risque – d'où la suppression de tel ou tel jeu, l'interdiction de ceci et cela. Mais *quid* des découvertes de la rugosité du monde ? *Quid* de l'importance de la compréhension de ce qui fait mal dans la constitution du moi ? Pour ne pas aller fleur au fusil au-devant des pires dangers, il est utile de s'être élaboré, par la pratique, comme une échelle plus ou moins intuitive ce qui ce qui nous est contraire.

Supprimer, ou vouloir supprimer, la possibilité de faire erreur, protéger mordicus l'homme contre les côtés douloureux, brûlants, pointus, déchirants du monde, c'est possiblement le desservir, car c'est le *gâter*. L'empêcher de se tromper, c'est le tromper. Aussi loin qu'une telle logique atteindra en effet, il est difficile d'envisager *raisonnablement* qu'elle en vienne effectivement un jour à rayer de la carte ce qui fait aussi la chair du vivre. Sans douleur, sans ennui, sans peine, la vie s'apparenterait au paradis, probablement le plus insipide des milieux. Le paradis, au même titre que le risque zéro, est un rêve, un désir, une folie douce dont personne ne voudrait plus au bout de quelques jours si d'aventure il existait. D'où l'importance du tragique au sens d'un Rosset. Chez lui, le fait de placer le tragique au cœur de la pensée n'a rien de morbide, c'est plutôt la reconnaissance du fait que vivre implique une part certaine d'adversité – la reconnaissance du fait que, pour reprendre Nietzsche à ma façon, « sans tragique, la vie serait une erreur ». Non pas qu'il faille le chercher, le traquer, car justement l'existence se charge de le faire pour nous, mais qu'il faille l'intégrer à nos attentes, le penser pour savoir y faire face lorsque, au petit malheur la chance, il frappe à notre porte.

**De l'espoir**

En tant qu'il est moteur de changement, le hasard est par conséquent aussi moteur d'espoir. L'espoir, c'est l'envie de croire que les choses vont évoluer dans un sens qui nous soit favorable. C'est l'envie de croire que tout ne se passera pas toujours comme d'habitude, si d'aventure cette habitude n'est pas à notre goût. On trouve des espoirs de toutes sortes, inégalement répartis sur l'axe des possibles. Certains ne peuvent aucunement se vérifier, tels que la vie après la mort, auquel cas ce sont de faux espoirs. Mais la majorité des espoirs est plus « pragmatique » : jouer à la roulette par exemple, c'est espérer que le hasard soit, au moins une fois, clément avec nous. Ce n'est pas beaucoup plus raisonnable que la croyance en la vie après la mort, mais au moins dans les jeux de hasard, il *existe* des gagnants. Le côté irraisonnable des jeux de hasard tient uniquement à ce que les gens jouent *alors même* qu'ils savent que les probabilités sont très largement en leur défaveur.

Sans la dimension intrinsèquement hasardeuse de l'existence, que deviendrait par exemple le monde du travail ? Qu'adviendrait-il du monde politique, du monde des affaires, ou des affaires du cœur, si la logique régnait en maître ? Chacun de ces mondes serait aussi inintéressant qu'un jour au paradis, car tout s'y déroulerait toujours sans une once de surprise. Sans hasard, rien n'y dévierait d'un pouce du chemin attendu : né pauvre, vous mourriez pauvre ; né bête et méchant, vous mourriez bête et méchant ; né escroc, vous mourriez politicien. Dans ce sens, hasard et espoir sont les véritables poumons de l'histoire, forces de changements, tantôt heureux, tantôt malheureux. C'est la raison pour laquelle Marcel Conche a pu consacrer un chapitre de *L'aléatoire* à la dimension hasardeuse de l'histoire, car l'histoire passée ne suit une logique qu'*a posteriori*, et l'histoire à venir est ouverte, sans direction, en passe de devenir. L'avenir, le hasard à portée de présent. L'espoir, l'avenir à portée de hasard.

## La résilience

> « Perdre, mais perdre vraiment, pour laisser place à la trouvaille. »
>
> Apollinaire

La société comme mécanisme, par le biais du progrès et de son appareil juridico-légal, a pris pour cible le hasard en raison de son potentiel destructeur. Si la décision peut sembler logique, elle conduit pourtant à diaboliser la destruction, qui n'apparaît dès lors que comme négative. Mais un tel manichéisme est une erreur criante, car il perd de vue la caractéristique la plus étonnante de la destruction : la *création*. Toute négation qu'elle soit, celle-ci fait en effet partie d'un cycle au sein duquel elle alterne avec son contraire. *Delenda est Carthago* peut-être, mais même Carthage est sortie de ses cendres. Dans ce sens, pour dangereux ou tragique que le hasard dans ses habits de démolisseur soit, il ne constitue qu'un moment particulier qui s'inscrit dans un mécanisme globalement créateur. Qu'est-ce par exemple que l'homme, sinon le résultat d'un gigantesque cycle d'inondations, d'explosions, d'éruptions, de maladies, de glaciations, de réchauffements, mais aussi, en dépit de *et grâce à* ça, de naissances, d'idées, de résolutions, de développements ?

La même chose vaut au niveau individuel : sans le mauvais côté du hasard, sans une certaine part de difficultés, aucun individu n'en serait au niveau où il est. C'est *aussi* au travers des problèmes, déceptions, ennuis de santé, découragements, parfois même tragédies personnelles, qui font le tissu de notre existence, que nous nous sommes construits. Il va sans dire que chacun de nous s'en serait bien passé sur le moment, et il ne s'agit aucunement de minimiser l'impact, psychologique notamment, que peut avoir tout revers de conséquence. Ceci dit, ou bien on le laisse nous dévorer – option morbide –, ou bien on tâche de l'intégrer à un processus d'élaboration, on en prend acte dans le but de changer la boue en or – option « tragique », dans la perspective de

Rosset. Autrement dit, dans la plupart des coups durs, on se relève, on y trouve même parfois une énergie et une motivation supplémentaires. Les survivants des camps nazis, Édith Piaf, Chostakovitch, Wole Soyinka, Sabine Dardenne, et tous les anonymes qui ont réussi à vivre en dépit de l'extrême pauvreté, coercition, douleur, peine, torture, en sont la preuve.

Ainsi moi, vous, l'homme en général, et le monde dans son ensemble, sommes pris en sandwich entre « les anges à la trompette, les démons au trombone ». S'il est bon de savoir éviter les problèmes quand c'est possible, il est peut-être encore plus *vital* de savoir en prendre son parti quand ils deviennent réalité (et d'avoir la présence d'esprit de ne pas tuer la vie sous prétexte qu'elle peut nous jouer des tours). Boris Cyrulnik, l'éthologue, appelle cette faculté *résilience* ; Rousseau parle lui de *perfectibilité*. Dans les deux cas, la mise en valeur est la même : quelle que soit la nature de ce que le hasard vous lance au visage, il faut rebondir, c'est-à-dire prendre le problème à bras-le-corps pour ensuite le dépasser. Destruction-création. Problème-solution. Ordre-désordre-nouvel ordre.

### Les petites et grandes révolutions

Que cela surprenne ou pas, à l'opposé des hypocondriaques, ennemis jurés du hasard, existent des individus qui, au contraire, le recherchent. Le hasard s'*impose* souvent, mais il arrive que certains aiment à le *provoquer*. Pourquoi ? Parce que le monde dont l'homme fait tous les jours l'expérience, la vie qu'il mène au quotidien, se caractérisent par un certain degré de répétition et d'automatisme. Dans toute société qui se respecte, chaque individu occupe une place bien définie, et tout va bien tant que chacun remplit sa tâche dans l'intérêt commun, qui bien souvent rejoint l'intérêt individuel. Or, parce qu'il est force de désordre, qu'il contrarie les dynamiques, les rouages, les articulations, qu'il perturbe et gêne le bon fonctionnement des choses et des gens, le hasard est le parfait antidote pour quiconque trouverait quelque chose à redire à ce (et ceux) qui l'entoure.

Il sert idéalement les fortes têtes qui en veulent à la société, c'est-à-dire n'importe quel corps social, et n'importe quelle expression de ce corps social. La société peut en effet paraître toute de règles, de limites, d'interdits, et parfois ce cadre contraignant, orienté par une vision générale, une idéologie, n'est plus du goût des individus. La Grande Machine déçoit, frustre, dépite. Dans ces conditions, et pour peu qu'on ne se satisfasse plus de subir cette chape de plomb, la révolution devient inévitable : révolution politique, révolution artistique, révolution scientifique, révolution philosophique... Ces révolutions, au-delà de la part d'aléatoire qu'elles introduisent nécessairement, ne sont bien sûr pas toujours faites en vue du hasard : telle veut imposer le communisme, telle l'absolu, telle autre le pragmatisme, telle autre encore l'atomisme. Mais, on l'a vu avec dada en particulier, certaines de ces révolutions ont été menées *grâce au* hasard (outil), et *en vue* du hasard (fin). Dada n'est, en un sens, que la transposition en art du carnage très concret de

1914-1918 : le groupe ne voulait plus croire dans les valeurs d'une société occidentale qui pouvait être aussi pervertie.

Ceci étant, l'insatisfaction ne prend pas nécessairement une tournure antisociale ou anti-establishment. Il y a les grands insatisfaits, oui, mais il y a aussi les petits fonctionnaires de l'insatisfaction, les gens comme vous (sûrement) et moi (assurément) qui en ont épisodiquement marre de ce que le quotidien leur sert. Qui n'a voulu injecter un peu de piment dans sa vie ? Qui n'aime les surprises ? Qui, à part l'hypocondriaque le plus aigu, n'attend de son existence autre chose qu'un contrôle total, un déroulement en tous points fidèle à la routine la plus *routinière* ? Pour quiconque a répondu « moi » à au moins une de ces questions, il existe un remède : un comprimé de hasard par jour. Vous avez l'impression de tourner en rond avec votre cuisine ? Au supermarché, rendez-vous à la gondole devant laquelle vous n'avez jamais mis les pieds et achetez des aliments sans aucun rapport, puis mettez-vous aux fourneaux. Blasés de toujours entendre les mêmes morceaux ? Trouvez chez vous le CD le plus rayé et passez-le en boucle. Un peu fatigué par vos lectures habituelles ? Allez chez un libraire inconnu et choisissez un livre les yeux fermés. C'est sûr, vous avez des chances de tomber sur un parfait navet (voire le livre-programme d'un politicien), et votre prochain plat ne vous vaudra pas forcément une étoile Michelin. Mais enfin, le hasard n'a jamais promis rien d'autre que la surprise.

## Voyage, voyage

Dans une optique hypocondriaque simpliste – l'histoire du progrès l'atteste amplement – le Saint-Graal a un nom et un seul : la Connaissance. Savoir équivaut à se protéger, à éviter que l'inconnu ne frappe. On a bien sûr déjà vu que la connaissance créait ses propres inconnues, et même que parfois, elle ne pouvait être que partielle, inutile d'y revenir. En dépit de ces avertissements, de ces mises en perspective, la société a fait de l'information, cet avatar de la connaissance, son étoile polaire. L'information est devenue si centrale à notre mode de vie qu'elle touche à tous les recoins du vivre. L'homme contemporain est tellement renseigné qu'il est inondé de guides, livres, manuels, modes d'emploi et autres directions à suivre. L'idée de base est séduisante : aider son prochain pour lui éviter de perdre son temps, le renseigner sur les choses à faire et à ne pas faire, les sites à voir et à ne pas voir… Autrement dit, lui *faciliter la vie*. Encore une fois, l'entreprise est charitable, et elle semble faire sens à une époque où, comme l'expliquent les sociologues, le rythme de l'existence s'accélère sans cesse, où donc le temps se raréfie, et où il devient nécessaire d'en tirer le maximum.

Mais de fait, en plus de notre vie quotidienne, notre vie extra-quotidienne, ce moment de la semaine ou de l'année destiné à nous sortir de nos habitudes, de notre train-train, de nous changer les idées, est en passe de devenir, elle aussi, parfaitement routinière. L'explosion des ventes de guides touristiques en est une des illustrations les plus parlantes. Grâce à eux, on peut dorénavant tout savoir d'un pays situé à des milliers de kilomètres avant même d'y avoir mis les pieds : sa géographie, sa faune, sa flore, ses coutumes, ses hôtels, ses activités, sa gastronomie, ses transports en commun, etc. En quelque sorte, on va à l'étranger en pays conquis, on y retrouve nos habitudes, on les y translate ; d'accord, le bureau est remplacé par la plage ou le ski, mais après ça, on retombe confortablement dans nos pantoufles : notre hôtel, respectant bien sûr les normes européennes, est là, solide, le taxi qui nous y mène de l'aéroport aussi, et le restaurant que vante notre guide (« le homard à l'ail y est fantastique, ainsi que le coucher de soleil à 18 h 12 ») en est à deux minutes à pied. Dans ce domaine, la palme revient sûrement aux formules en pension complète, qui nous permettent même de passer à l'autre bout du monde nos vacances avec l'engeance que nous côtoyons tous les jours chez nous ! Et je ne parle pas des vacanciers anglais qui petit-déjeunent de *bacon and beans* en Crête, des Français qui s'aventurent à goûter un steak frites au Sri Lanka, ou des Américains qui macdo-isent à Paris.

Ce que notre dépendance aux guides touristiques (un petit détail parmi des dizaines d'autres) met en question est notre sens de l'aventure, et plus profondément encore, notre sens de la *découverte*, ce fabuleux cadeau de l'existence. L'aventure et la découverte impliquent, il est vrai, une part de risque, et les éditeurs de guides surfent intelligemment la vague créée par notre *risk-aversesociety*, cette société qui a (maladivement) peur du risque ; mais il est bon de garder à l'esprit la contrepartie de ces dangereuses notions.

La découverte n'a toute sa force et sa beauté que dans le cadre de l'ignorance. Et dans ce sens, elle a nécessairement maille à partir avec le hasard : on ne découvre guère que ce qu'on ignore, et l'on ne tombe, par définition, sur ce qu'on ignore que fortuitement. Trouver, au cours de ses déambulations, un bon restaurant n'a rien de révolutionnaire, mais c'est autre chose que de s'y rendre sur le conseil pressé d'un pigiste du tourisme. La routine, c'est l'habitude. Sortir de la routine, c'est par conséquent laisser ses habitudes de côté, c'est être prêt à s'adapter plutôt que vouloir plier l'« étranger », c'est-à-dire l'inconnu, à sa volonté, faire preuve de flexibilité, et réaliser qu'on entre dans un royaume différent, dont la différence, si elle est bien prise, ne peut se révéler qu'un bain de jouvence.

En réaction à ces vacances sous cellophane et à la censure de l'inattendu, des individus ont fondé un groupe répondant au nom de Latourex, à lire pour « Laboratoire de tourisme expérimental ». Là où l'Oulipo[1] invente des techniques d'écriture, Latourex invente des techniques de voyage. Comme pour l'Oulipo, les méthodes (indicatives et non exhaustives) proposées par Latourex sont éminemment déterministes, puisqu'elles sont des espèces de recettes de voyage, mais le résultat en est magnifiquement aléatoire. La règle est là pour faire advenir l'imprévu, la nouveauté, la découverte, pour la bonne et simple raison qu'elle prend le relais de nos choix, de nos goûts. Exemples tirés du site de ce laboratoire[2] :

1. OUvroir de LIttérature POtentielle, dont Raymond Queneau, Italo Calvino et Jacques Roubaud sont les membres les plus célèbres.
2. www.latourex.org.

- Anachronotourisme : visiter une ville étrangère selon les conseils d'un guide de voyage dans une édition ancienne.
- Dodécatourisme : se déplacer le long du douzième parallèle.
- Expédition au K2 : explorer méthodiquement la portion d'une ville enclose dans le carré K,2 d'une carte.
- Nyctalotourisme : se rendre dans une ville inconnue en s'arrangeant pour ne l'atteindre qu'au crépuscule. Puis l'explorer toute la nuit avant de la quitter au point du jour suivant.
- Similotourisme : visiter les localités françaises homonymes de villes étrangères (Venise dans le Doubs, Rhodes dans la Moselle, Grenade en Haute-Garonne, Jérusalem dans les Vosges...)

En 2006, l'éditeur Lonely Planet a d'ailleurs fait paraître un *Guide Lonely Planet du voyage expérimental*. Beau livre sur un vaste sujet défini comme « une façon amusante de voyager, pour laquelle la méthodologie est claire mais la destination inconnue », qui ne peut « se concevoir sans un esprit *aventureux*[3] ». En effet. C'est tout son charme.

## L'amour du risque

Nul doute donc que la vie coutumière puisse trouver un exutoire dans la folie douce qu'est le hasard, ce petit écart à la norme, cette cuillère d'inattendu dans un océan de

3. Mes italiques.

certitudes. Il en va ici d'une gentille révolte contre l'habitude, quand on en a assez de ne pas se sentir vivre. Mais dans le cadre de ce qu'on appelle la société du risque, la société de la protection et de la sécurité à outrance, la société qui se plaît à mettre en garde et interdire, la société qui en vient à expliquer très calmement aux gens comment vivre, le ras-le-bol peut également prendre une forme plus radicale, et potentiellement plus dangereuse.

Le monde du risque zéro vise à aseptiser l'existence. Vivre n'y serait plus, soi-disant, que luxe, calme et volupté. Cela dit, cette assomption ne séduit pas tout le monde, ne serait-ce que parce que le risque donne du relief au vivre. L'esprit humain fonctionne assez simplement, ou disons qu'il est prévisible, pour la raison qu'il tend à la bipolarité. C'est pourquoi par exemple, en réaction à la routine, il recherche la nouveauté. Et c'est aussi pourquoi, contre le risque zéro, il lui arrive de rechercher le risque. En accord avec cette logique, on remarque que la montée en puissance de la société du risque zéro coïncide avec l'explosion parallèle des activités dites justement « à risque ». Explosion en termes de nombre de pratiquants bien sûr, mais également en termes de perception. Il est indéniable que de quelques surfeurs marginaux dans les années quarante, on soit passé dans les années quatre-vingt-dix et deux mille à un sport de masse, à tel point que le surf est aujourd'hui quasiment *mainstream*[4]. Une tendance à la « démocratisation »

4. Le sport lui-même, mais plus encore son image : vêtements, *life style* supposé, vocabulaire, films grand public, etc.

similaire s'observe pour le saut à l'élastique, la plongée en apnée, la chute libre, le canyoning, l'escalade, le coasteering, le Parkour, le ski hors-piste, et tous les sports dits « extrêmes » qui apparaissent périodiquement. La plupart de ces activités peuvent, en effet, se révéler dangereuses, car elles reposent en partie sur des forces imprévisibles, souvent la nature[5], qu'aucune politique du « risque zéro » ne pourra jamais contrôler. Et c'est pour ça justement qu'elles gagnent des adeptes, je vais y revenir.

Mais je disais à l'instant que cette explosion était également affaire de perception. En effet, beaucoup de ces activités sont nouvelles – même si le surf a été découvert à Hawaii (où il était pratiqué depuis longtemps) par James Cook, et que l'escalade existe depuis des temps sans doute immémoriaux –, mais si les surfeurs, par exemple, suscitent tant d'intérêt aujourd'hui, si les sports à risque bénéficient d'un tel engouement et d'une telle couverture médiatique, c'est précisément parce que le risque est devenu une obsession. Seule une société obnubilée par la sécurité peut autant vénérer les gens qui prennent du plaisir en jouant leur vie sur le fil du rasoir. À l'époque où la catégorie du risque était le cadet des soucis, il n'était pas remarqué, et pas idéalisé non plus. Le risque faisait partie de la vie, et la vie intégrait le risque. À l'inverse, maintenant que le risque est si singulièrement honni, sorte de bouc

5. D'où la possibilité d'accidents, parfois mortels : le surfeur Malik Joyeux en janvier 2005, l'alpiniste Jean-Christophe Lafaille en 2006, l'apnéiste Loïc Leferme en 2007… Sans parler des inconnus qui y laissent aussi épisodiquement leur vie. Notons que le risque réel est également fortement ancré dans les erreurs humaines.

émissaire de l'homme (post)moderne, il suffit que son ombre surgisse furtivement pour qu'on en fasse tout un pataquès.

Soit dit en passant, il est intéressant de constater que cette démocratisation a entraîné, à son tour, une sorte de « sécurisation » des sports de l'extrême : le matériel a beaucoup évolué, des normes et un contrôle fédéral sont apparus dans plusieurs pays, des versions édulcorées de Pamela Anderson et David Hasselhoff fleurissent sur les plages estivales... L'engouement massif pour le risque s'est donc en général accompagné d'un recadrage des valeurs et attentes sportives [6]. Mais, encore une fois, le réflexe antagoniste s'est enclenché : si l'apport d'un nouveau public semble « dénaturer » un sport, ou plutôt si un certain niveau de risques (plus ou moins aseptisés) paraît devenir la norme, certains vont éprouver le besoin de repousser les limites de leur discipline. D'où le développement et la médiatisation grandissante, entre autres, de l'escalade en solo (Alain Robert fait l'objet de fréquents articles, entretiens, reportages), ou du surf de grosses vagues (avec des surfeurs tels que Laird Hamilton, Mike Parsons, Brad Gerlach, et des spots tels que Belharra en France, Waimea Bay à Hawaii, Cortes Banks en Californie, Teahupoo à Tahiti, etc.). Jean-Pierre Petit résume bien ce changement d'attitudes lorsqu'il écrit : « Le risque zéro n'existe peut-être pas, mais il y a des nuances. J'ai été moniteur d'escalade, du temps où on pitonnait

6. On peut par exemple lire à ce sujet « Risques, opinion publique et pratiques d'escalade » de J. Corneloup.

encore, quand les voies n'étaient pas encore équipées. Personnellement, je passais du 5 sup., à l'occasion du 6, ce qui ferait sourire les amateurs d'aujourd'hui. Aucun de nous n'était à l'abri d'un dévissage, mais nous grimpions en faisant tout pour éviter d'en arriver à cette extrémité, alors qu'aujourd'hui c'est courant. Le but du jeu n'était pas de s'en remettre au hasard, mais de savoir rester bien en dessous de ses possibilités maximales. Il n'y avait pas de vedettariat, pas d'exploit. »

### Exister

« La robe si belle de Cybèle. »

Reste à comprendre, pour terminer, pourquoi tant de gens s'adonnent aujourd'hui au risque, même partiellement édulcoré, là où dans d'autres domaines de leurs vies, ils considèrent souvent comme normal, voire attendu, de vouloir maîtriser les événements. Qu'est-ce que le danger, la perte partielle de contrôle, le fait de s'en remettre un tant soit peu aux aléas, apporte qu'on ne puisse trouver ailleurs ? La réponse est simple, et vaut à mon avis aussi bien pour les pratiquants du dimanche que pour les acharnés de l'extrême : l'adrénaline. Mot galvaudé s'il en est, mais qui renferme bien plus qu'on ne le pense d'ordinaire. Si on laisse de côté les adeptes « pour la frime », ce que la prise de risque vise ici est non plus simplement de se sentir vivre, mais de se *sentir exister*. La différence est de taille, et ne pas la mesurer conduirait à mettre sur un pied d'égalité le football, les échecs, la belote d'un côté, et l'escalade, la chute libre, le surf de l'autre.

L'adrénaline, c'est l'irruption de la peur dans le plaisir. Pour certains, ce plaisir est à proportion des risques encourus, de la part de hasard introduit. Je soutiendrais pourtant le contraire ; dans ce domaine, nul degré : la peur d'un débutant en escalade à 5 mètres et la peur d'un professionnel à 4 000 mètres sont fondamentalement les mêmes. Si elles n'inhibent pas totalement, elles intensifient sans comparaison le tissu de l'existence. L'adrénaline est un magnifique puits d'oubli, dans lequel se perdent toutes les superficialités. Une fois qu'elle a opéré le tri, ne reste que l'essentiel, c'est-à-dire la nature, et soi. Un soi vidé de toute vanité, ouvert sur le monde au point, presque, de s'y confondre. C'est ça : le risque rend poreux à un précipité d'existence.

Dans une société qui a fait du risque un ennemi déclaré, le hasard est condamné par contumace. Car un monde où la maîtrise est érigée en valeur suprême ne peut tolérer le dérangement intempestif qu'il constitue. Peut-être s'il n'était que bonnes surprises serait-il pardonné ; mais étant ce qu'il est, le hasard figure les deux faces de la même pièce : pile *et* face, heur *et* malheur. Les thuriféraires du risque, pourvu qu'ils en comprennent les tenants et aboutissants, l'acceptent donc pour ce qu'il leur offre de plaisir et de liberté. Le hasard inhérent aux sports de l'extrême est recherché en ce qu'il délivre des routes toutes tracées par notre milieu, notre éducation, notre carrière, bref le cadre dans lequel on évolue habituellement. À l'opposé des limites imposées par la routine et les interdictions sans cesse plus nombreuses, une part de danger sciemment recherchée fait temporairement exploser les murs qui nous enferment et peut faire toucher du doigt à une forme d'*unité*. C'est pourquoi l'extrême peut donner lieu à une certaine mystique. Parfois panthéiste, parfois animiste, parfois bouddhiste, parfois chrétienne... Mais cette mystique est plus vague et moins délimitée que tous ces noms. Elle n'est transcendante que par accident, car ce qu'elle fait principalement ressortir c'est que l'individu participe d'un tout, un tout sublime au sens kantien, et que la nature, pour dangereuse qu'elle soit, est d'une beauté inaliénable, et inégalable. En ce sens, il est également logique que quiconque mesure à sa juste valeur ce que la nature lui offre de magnifiques bribes d'existence en vienne un jour ou l'autre à vouloir la préserver. D'où un lien assez fort, en théorie peut-être plus qu'en pratique, entre sports de l'extrême et écologie : Surfrider foundation, opération Drapeaux bleus, etc.

Si l'on admet que le fossé entre nature et culture va toujours grandissant, le rejet du risque, geste éminemment culturel, équivaut à un rejet de la nature. Car, si belle que soit Cybèle, elle n'en est pas moins l'épouse de Zeus, dieu des dieux, fomenteur occasionnel de la discorde, de la guerre, et de la destruction. Aimer la nature, c'est accepter le risque, et donc, pour une certaine part du moins, laisser de côté le culturel.

## Le juste milieu

Il est facile de faire passer le hasard pour le grand méchant loup : quand il a de grandes dents, c'est pour mieux nous manger, et le petit chaperon rouge que nous sommes veut légitimement s'en protéger. Par chance, l'humanité n'a jamais été en meilleure position pour déjouer les plans du hasard Lupin : les enseignements de l'histoire, la recrudescence des disciplines scientifiques, la diffusion toujours plus large de l'information, la multiplication des découvertes technologiques, tous ces éléments jouent le rôle de gentille grand-maman, qui voit notre vie devenir plus aisée, s'améliorer les conditions de vie ou reculer les maladies. Recul qui n'est toutefois pas dû à un quelconque renforcement de nos défenses naturelles. Paradoxalement, il semble même que nous soyons plus fragiles aujourd'hui qu'en l'an mille, sans parler de la préhistoire. Mais, simplement, nous prenons beaucoup mieux soin de nous à l'heure actuelle : à peine est-on enrhumé qu'on reste bien au chaud chez soi à avaler deux ou trois comprimés, alors que, par le passé, on descendait à la mine, on allait au champ, ou on livrait bataille. Grâce au progrès scientifique, nous faisons attention à notre santé, mais aussi au monde qui nous entoure, de telle sorte que la menace qu'il représente semble, elle aussi, battre quelque peu de l'aile.

Pris dans ce mouvement de progrès semble-t-il continu, il est aisé de se dire que les choses ne peuvent qu'aller en s'améliorant. Mais c'est alors que, à mon sens, il est nécessaire de marquer un temps d'arrêt et de se demander, avant qu'il ne soit trop tard, dans quelles conditions les choses doivent effectivement encore s'améliorer. Les justifications sont nombreuses pour la mise en place d'un état policier, surtout, dit-on, à l'heure du terrorisme à l'échelle planétaire : les dangers sont tels qu'ils appellent une sécurité renforcée, par le biais par exemple des caméras de surveillance, de la centralisation des détails personnels, voire du bafouage de certains Droits de l'homme. Mais, par-delà ce qu'on aurait à y gagner, qu'a-t-on à y perdre ? Si la société n'est pas encore un état policier, elle semble par contre déjà être, par plusieurs aspects, un état garde-chiourme, dans lequel le citoyen est pris pour, et se sent comme, un enfant en bas âge. Afin de lui éviter des désagréments que bien souvent le bon sens suffit à déjouer, on le prend par la main pour le plus insignifiant des gestes, lui expliquant par exemple que l'eau chaude brûle, ou que la glace glisse.

À nouveau, la question à poser, et sur laquelle se pencher avec gravité, est de savoir si l'on n'a pas plus à perdre qu'à gagner dans la recherche du risque zéro. Car, sachant ce que le hasard, dans son ensemble, est, c'est-à-dire la chair, ou l'essence même, de l'existence, il semble que s'en priver reviendrait à mener une mauvaise parodie de vie. À mon sens, l'heure est venue de mettre un frein à notre *hubris*, de la soumettre à la réflexion critique, afin de trouver un juste milieu.

# Conclusion hasardeuse

« Si tu descends trop bas, la vapeur de l'onde appesantira tes ailes ; si tu voles trop haut, le soleil fondra la cire qui les retient. »

Ovide

Le hasard est partout, mais en même temps il n'est nulle part. Il est abstrait, impalpable, quand bien même, c'est à lui qu'on doit en partie la marche du monde, et la marche de nos existences... Cet essai est né du désir de démystifier une notion qui, de par sa complexité, en arrive à faire peur. Tant et si bien que certains peuvent être tentés de chercher à le museler, à s'en prémunir, sous prétexte qu'il est l'incontrôlable même.

Normalement, l'inconnu effraie parce que l'homme manque de repères pour l'appréhender, manque qu'il s'empresse bien souvent de combler de ses fantasmes. Les monstres qu'on trouve sur les cartes des premiers marins n'avaient aucun fondement dans la réalité ; simplement, ils symbolisaient la peur atavique de l'humanité face à ce qu'elle ignore : mieux valait un monstre que rien du tout. Avant le XXe siècle, le hasard était un des quelques espaces vides sur la grande carte de l'intelligence. Et le monstre qu'on invoqua pour exorciser cet abysse conceptuel ne fut autre que le déterminisme, c'est-à-dire l'idée que tout suit une logique sous-jacente parfaitement établie. Logique religieuse d'abord, puis matérialiste.

Aujourd'hui, à l'aube du IIIe millénaire, les choses ont changé : la plupart des domaines de l'activité humaine ont accepté, pensé et utilisé le hasard, de telle sorte que, à l'heure actuelle, on en sait énormément sur lui. Alors pourquoi, au grand pourquoi, en a-t-on encore peur ? J'y vois deux raisons principales. La première tient à la nature même de l'« anti-concept ». Car il fait partie inhérente de la structure du monde, il passe les murailles, se faufile entre les mailles des filets, traversant tout et ne s'arrêtant nulle part. Sa polyvalence joue en ce sens en sa défaveur. Le fait d'en savoir autant sur lui est donc, justement, ce qui pose problème : nous ne sommes plus confrontés à une notion fuyante de par son vide, mais de par son *trop-plein*. La seconde raison à notre crainte du hasard est plus profonde, plus fondamentale. Le hasard est absence de décision, liberté totale, imprévisible absolu ; par là, il se pose en parfaite antithèse de l'homme, son contraire, son repoussoir. Et c'est en cela qu'il est le foyer de nos peurs, et, par renversement, c'est aussi en cela qu'il nous fascine autant. Nous y voyons, dans le même temps, ce que nous redoutons et ce que nous recherchons.

Dans cette perspective, notre attitude face au hasard reflète notre ambivalence première, notre dualité foncière : ordre et désordre, vide et plein, contrainte et liberté, silence et bruit, cru et cuit, un et multiple, symétrie et dissymétrie... Pour reprendre à ma façon une opposition nietzschéenne, le hasard représente le côté dionysiaque du monde, le côté des excès, de la fête, du vin à foison, le côté de la tempête, destructeur et imprévisible, rageur, sourd et aveugle. L'autre partie du monde est toute de structure, de calme, de précision, de mesure, de paix. Et entre les deux, il y a l'homme, qui a toujours balancé, penchant tantôt pour l'un, tantôt pour l'autre. Or, c'est *ce balancement même qui fait l'homme* : il n'est en effet lui-même que dès lors qu'il oscille entre ces deux opposés.

C'est la raison pour laquelle il était nécessaire d'attirer l'attention sur certaines évolutions de la société actuelle, évolutions de surface comme de fond. S'il est indéniable qu'il serait absurde de se passer du don de prescience que nous confèrent les sciences, existe une limite au-delà de laquelle l'homme risque de perdre pied avec ce qu'il est. Les sciences et l'appareil socio-politico-juridique d'aujourd'hui ont le pouvoir de nous faire passer tout entier du côté apollinien de la balance ; à mon sens cela dit, il en irait d'un contresens total, à la fois sur ce que nous sommes, et sur ce qu'est la vie. Car, que ce soit chez l'individu ou dans le collectif, le rejet d'un de ces deux pôles constitutifs entraîne nécessairement un déséquilibre, qui ne peut mener qu'au pathologique. Pour le meilleur et pour le pire, l'homme est *et* nature, *et* culture. Ne pas saisir le caractère organique de cette dualité première reviendrait à s'aveugler sur la nature de l'existence elle-même, car celle-ci n'est, depuis son origine, qu'une question d'équilibre.

# Remerciements


Choup pour tant et plus,
J.-A. et Maud pour tout,
Albane pour 8716 TG 22,
L'œuf de dragon pour ce je-sais-quoi,
Yoyo pour l'œil boileausien,
Chris pour le tchise,
Crifane pour un certain lit deux places,
Did pour les liens du mariage,
Nat pour les coquillages,
Mike et Delf pour les vagues,
Richard and Linda for me little Al,
Sara pour le tourex,
Brian pour son ami,
Luis pour MM,
Mile End Wall for the respite,
Les oubliés pour le reste.

*Composition et mise en pages :* FACOMPO, LISIEUX

Cet ouvrage a été achevé d'imprimer en octobre 2007
dans les ateliers de Normandie Roto Impression s.a.s.
61250 Lonrai (Orne)
N° d'imprimeur : 07-3057
Dépôt légal : octobre 2007

*Imprimé en France*